AF368816

LAS FLORES DE TU JARDÍN INTERIOR

ALAIN BERT

www.lasfloresdetujardininterior.guiaburros.es

Diseño de cubierta: © LOOKING4

Maquetación de interior: © EDITATUM

Primera edición: Octubre de 2019

ISBN: 978-84-120556-4-1

Depósito legal: M-33119-2019

IMPRESO EN ESPAÑA/ PRINTED IN SPAIN

Si después de leer este libro, lo ha considerado como útil e interesante, le agradeceríamos que hiciera sobre él una **reseña honesta en Amazon** y nos enviara un e-mail a **opiniones@guiaburros.es** para poder, desde la editorial, enviarle **como regalo otro libro de nuestra colección.**

Agradecimientos

Agradezco al señor Jean-Louis Giard, mi editor de la versión francesa, por su apoyo y la calidad de su trabajo, así como a mi amigo Gérard Donnadieu que me dio a conocer.

Gracias a Katia Ugolini por todo lo que me ha enseñado sobre muchos de los temas tratados en este libro, especialmente lo relacionado con el antiguo Egipto y por el apoyo permanente de su afecto.

Mi agradecimiento a Sebastián Vázquez por llevar a cabo la edición en español de este libro y por su estimulante amistad.

Y a Andrés Guijarro por su excelente traducción al castellano.

Doy gracias al fundador de la Escuela DOM, cuya presencia cruza las líneas de este libro.

Sobre el autor

 **Alain Bert**, de nacionalidad francesa, es ingeniero en Telecomunicaciones y se doctoró en la Universidad de Stanford (USA). Fue responsable del departamento I + D de una importante empresa de electrónica y fue autor de numerosas publicaciones sobre esta especialidad. Paralelamente ha realizado varias investigaciones en el ámbito de las religiones.

Además de la cultura cristiana a la que pertenece, conectó con distintas tradiciones como el budismo, la sabiduría de la India y con distintas cofradías sufíes. Actualmente participa en una Escuela asentada en las raíces de la Tradición.

Como creador artístico ha expuesto durante muchos años en galerías de arte contemporáneo en Francia y en otros países.

Su experiencia también se basa en asumir responsabilidades en una ONG humanitaria.

Índice

Prólogo

Alain Bert nos regala en este libro una pequeña joya que une ética y estética. La ética entendida como alta forma de pensamiento de parte de un autor sabio y experimentado, la estética se muestra en la precisa y sutil forma literaria que utiliza en la que está muy presente su condición de artista plástico.

Los temas que trata son universales: el amor, el alma, el corazón, la consciencia, el espíritu…, pero casi más importante que lo que dice, reside en *cómo* lo dice. Alain apela a su profundo conocimiento de la espiritualidad viviente en las distintas religiones para proponernos reflexiones profundas que nos ayudan a desentrañar y comprender temas complejos y que él logra convertirlos en fáciles y asequibles.

No podemos definir esta obra como un libro de autoayuda, pero permitirá al lector encontrar valiosas reflexiones respecto a su desarrollo personal y a su vivir en el día a día; tampoco es un libro de espiritualidad, pero también permitirá al lector acercarse a la idea de trascendencia y a su propia religiosidad personal. No es tampoco una obra intimista, sin embargo ayudará a quien se adentre en sus páginas a posicionarse en soledad frente a sí mismo independientemente de las creencias que profese; no podemos definirlo como un libro de filosofía, pero destila sabiduría y pensamiento profundo. Todo ello expresado de un modo sencillo. No es fácil.

El autor utiliza el universal símbolo de las flores para invitarnos a visitar nuestro jardín interior en una metáfora tan poética como útil a la hora de conducirnos en el viaje que nos propone. Un viaje en el que discretamente nos sugiere la importancia de hacernos las preguntas correctas antes de buscar respuestas.

Las referencias que utiliza son tanto clásicas como modernas, aunque los temas propuestos son intemporales y lo mismo apela a la sabiduría del antiguo Egipto, como a las religiones de Oriente o a autores contemporáneos occidentales.

El resultado final es el de una obra hermosa y atrayente, un libro de los que se definen como "de cabecera" para leer sosegadamente, para disfrutarlo y aprender, para degustarlo y metabolizar su contenido.

Obras de este tipo no son frecuentes así que solo queda felicitar al autor por su excelente trabajo y a los lectores porque, sin duda, podrán sacar un gran provecho de su lectura. Enhorabuena.

Sebastián Vázquez

Introducción

¡Cuántas flores a nuestro alrededor! Y sin embargo, la fidelidad de su presencia casi nos hace ya no verlas: son parte del paisaje. Las miramos, pero desde la distancia. Afortunadamente, todavía nos acercamos a ellas para observarlas e impregnarnos de sus colores, para oler sus perfumes. Los senderistas, que saben conmoverse por la belleza de la naturaleza, a menudo están dispuestos a hacerlo. También científicos, como Hubert Reeves, están descubriendo maravillas para estudiar. Es más que un placer: algo muy gratificante. Como si la flor nos estuviera transmitiendo un poco de su conocimiento. ¡Da sentido a todo el jardín!

Este simbolismo, a un tiempo poético y científico, nos permitirá abordar otro tema que es el objeto de este libro. Para evocar nuestras preguntas esenciales, como lo han hecho los filósofos o las religiones durante mucho tiempo, o más ampliamente cada uno de nosotros, se utilizan palabras importantes que a menudo aparecen en los textos que leemos, en las enseñanzas que escuchamos o más simplemente en las discusiones entre nosotros. Se insertan en la oración, ayudando a embellecerla, sin que prestemos atención a su verdadero significado. Pero son palabras de gran importancia, debido a las resonancias que generan a causa de su uso, que se remonta a tiempos a veces muy antiguos. Me propongo aquí considerar estas palabras, que se expresan en estas frases, como tantas flores que se expresan en campos y jardines. En lugar de seguir contemplándolas a distancia, aquí también se puede experimentar la necesidad de observarlas más de cerca: ¿qué es lo que realmente me dicen? Esto ocurre cuando, durante una conferencia o leyendo un libro, reaccionamos ante el uso que hace el autor de manera perentoria, como si se tratara de algo evidente. ¿Con qué frecuencia oímos, leemos y usamos por hábito, palabras tales como: corazón, amor, conciencia, espíritu, alma, esencia, verdad, conocimiento…? Algo en nosotros se rebela: ¿pero qué significa esto realmente para mí? Esta reacción aflora y desaparece la mayor parte del tiempo con bastante rapidez, pero deja su peso de perturbación. Continuamos, después de tranquilizarnos con la idea de que es inútil detenerse. Sin embargo, estos obstáculos que acumulamos sin darnos cuenta nos impiden ver claramente sobre nosotros mismos y obstruyen el camino de nuestra búsqueda interior. Aceptarlos porque estas expresiones son utilizadas por otros, especialmente por personas hacia quienes tenemos el mayor respeto, nos coloca de forma insidiosa en un estado de dependencia.

Cada ocasión en que se siente esta necesidad es una etapa: tomarse el tiempo para prestar atención a palabras tan importantes; ver las razones de su atracción, que nos lleva a usarlas. Después de este camino que recorreremos juntos, pero que cada uno puede recorrer también por sí mismo, conservaremos en la memoria el olor de la verdad que se esconde detrás de ellas. Entonces, si esto ha permitido progresar en la búsqueda del significado profundo que tienen «para mí», es posible e incluso deseable olvidarlo todo: se ha integrado de modo natural de la vida, y ya no tenemos necesidad de formularlo. Entonces nos volvemos capaces de acoger nuevamente, con simplicidad y con una forma de inocencia, lo que la vida y nuestro corazón nos ofrecen para enriquecerlos, así como de dirigir de nuevo nuestra mirada hacia una flor que ya hemos tenido la ocasión de analizar y admirar. Así hacemos vivir el Jardín de nuestra vida interior.

De entre estas importantes palabras, elegí en este primer libro las siguientes: el corazón, el amor, la conciencia, el espíritu, el alma y la vida interior. Cada palabra sintetiza un dominio completo de significado que exploraremos. Esto requiere un esfuerzo especial de atención para sentir la belleza de lo que evoca.

Alain Bert

La rosa roja

El corazón

Algunas flores se expresan bajo diferentes formas y con una variedad de colores, como la rosa. Lo mismo sucede con una palabra cuya omnipresencia es, como mínimo, notable: el corazón. ¡Esta es sin duda la flor más importante del Jardín de nuestra vida interior! ¡Con cuánta frecuencia lo usamos sin darnos cuenta: «si el corazón te lo dice», «tener el corazón oprimido», «ponerse la mano en el corazón», y tantas otras ocasiones! Una palabra que alimenta tantas expresiones, con este encanto poético, es evidente que contiene algo importante cuyo valor exacto se nos escapa. Sin duda, es interesante tomarse su tiempo para buscarlo, del mismo modo que uno se acerca a la rosa para observarla y sentir su olor. En el centro veremos un órgano que realiza una función esencial, y en los pétalos de la periferia, formas coloridas y fragantes que evocan símbolos poderosos, y que participan en nuestra vida de una manera muy operativa.

¡Qué función tan misteriosa, en efecto, la del corazón en nuestro cuerpo! Al comienzo de nuestra vida, en nuestro estado embrionario, las células cardíacas comienzan a vibrar desde el vigésimo primer día; al final, el signo clínico de nuestra muerte es el cese de su funcionamiento. Entre los dos, nos acompaña constantemente con su ritmo generalmente tranquilizador, y a veces inquietante.

¡Básicamente, es un compañero! Nos sigue discretamente a todas partes. Proporciona la medida; marca el ritmo; no juzga: ¡todas las cualidades de alguien que ama!

Por tanto, creemos que lo conocemos bien. En la vida cotidiana, todo este funcionamiento parece ser evidente, excepto en ciertos momentos determinados de alegría o preocupación, o cuando sentimos una anomalía en su comportamiento. Pero también sabemos que nuestra vida depende de él. Vivimos de forma más o menos consciente esta magia de algo que funciona por sí mismo. Sin embargo, el hecho de que seamos esencialmente para nada debería hacer que lo viéramos y lo viviéramos como un don precioso: la vida que percibimos a nuestro alrededor está asociada con los latidos de nuestro corazón, es decir, a este don que nos fue dado desde nuestro nacimiento.

Pienso en nuestros remotos antepasados, que lo ignoraban todo acerca de su fisiología. Intentemos ponernos en el lugar de uno de ellos. Debe haber sentido algo moviéndose en su interior, como si hubiera un ser vivo allí. Debe haber sido impresionante: ¡hay alguien aquí, en el centro del pecho, como si fuera un niño pequeño! No deja de tener interés volver a encontrar esa sensación. Desde allí, por supuesto, puedo volver a la imagen fisiológica de inmediato. Pero también puedo, por el contrario, amplificar este sentimiento de que hay alguien allí, y así tomar conciencia de una presencia, en el origen de mi vida. Y si sentimos que nuestras emociones vienen del corazón, no es solo porque esos latidos pueden acelerarse, sino también porque parece ser una cosa viva dentro de nosotros. ¡Así que, de vez en cuando, podemos permitirnos enamorarnos de nuestro corazón! ¡Y él responde de inmediato!

Helo aquí también, manifestándose cuando uno ama a alguien: es allí donde uno siente la aparición de un deseo, de una espera, de un impulso. ¡Ay! ¡La respuesta del otro no siempre satisface! Y es precisamente en este lugar donde un enfoque personal se vuelve rápidamente necesario para resolver esta tensión y hacer que el amor y la libertad puedan coexistir. Encontrar el equilibrio. ¿No se dice que el maestro está en el corazón? «El corazón tiene sus razones», dijo Pascal. Comienzo del aprendizaje del «sí a lo que es», tan apreciado por Arnaud Desjardins. Para él, la función del corazón es decir SÍ. Es por tanto inútil abordar un contexto de religión o de lo que se llama espiritualidad: es un hecho. Y relevante para observar muy concretamente frente a un evento, grande o pequeño, al que se debe responder: uno no dispone del tiempo de un pensamiento y es allí donde se realiza la respuesta, instantáneamente, con un sí o un no.

El corazón no rechaza nada de lo que es: ve en una consciencia inmediata. El problema es el no, el rechazo de lo que es, porque lo perturba para transmitir al cerebro la información correcta. Indicación relevante sobre lo que conviene hacer: aligerar el corazón para que pueda cumplir su función. Sentimos que, si está demasiado «pesado», no tiene la lucidez y la facilidad necesarias ante el evento. Debe poder tomar nota de lo que sucede y también decir sí a sus posibles consecuencias: luego, un poco más tarde, el cerebro podrá administrar los medios adecuados para responder concretamente a la situación.

Si queremos comprender de dónde provienen estas habilidades que asociamos con el corazón, debemos aceptar remontarnos a sus orígenes fisiológicos, lo que requiere un poco de atención: ¡la flor solo se verá más hermosa! Esto nos permitirá ver cómo todo lo que podemos decir sobre el corazón tiene orígenes muy concretos: es un oscilador que marca el ritmo de nuestra vida, gestiona nuestras emociones en relación con el acto respiratorio, hace circular la sangre para que se purifique, y está en relación con la memoria de nuestros orígenes. Recíprocamente, el simbolismo que genera la noción del corazón como centro nos permitirá una forma de comprender quiénes somos.

Para hacer circular la sangre de forma periódica, el corazón está —al menos en una parte esencial— compuesto por células tales que cada una de ellas vibra por sí misma a una cierta frecuencia, como un oscilador. Por efecto de proximidad, todos estos osciladores están relacionados entre sí, de modo que todas estas células resuenan como un solo oscilador. Este oscilador global se puede sincronizar por medio de señales provenientes del cerebro, que permiten adaptar esta frecuencia a las necesidades fisiológicas que el cuerpo exige de acuerdo con el esfuerzo que tiene que realizar, o para responder a una emoción. ¡Qué obra maestra la de esta operación autónoma, que continuará a lo largo de nuestras vidas! ¡No se niega a trabajar, sino todo lo contrario! Pero necesita que no se le altere demasiado… Por supuesto, todo esto funciona por sí solo (¡afortunadamente!), pero esta permanencia del ritmo induce otras consecuencias, tan pronto como le presto mi atención.

Curiosamente, es este hecho observable el que me permitirá vivir el momento presente, y en consecuencia la importante noción de presencia. Porque si la periodicidad ocurre en el tiempo, tiene esta particularidad de que nada distingue el pasado del futuro. En el siguiente latido, nada ha cambiado: es ahora. Esta es una justificación esencial para la repetición que encontramos en muchas prácticas. Primer acto de la consciencia de existir. Y este «ahora» asociado con la permanencia puede incluso generar la consciencia de ser.

Para eso, es necesario saber escuchar: no en vano «mi corazón hace *boum*», como cantaba Charles Trenet. Porque el latido del corazón también se convierte en la referencia del ritmo en relación con todo lo que escuchamos. Buscará estar de acuerdo con lo que recibe. Si puede hacerlo fácilmente, transmitirá al cuerpo una sensación favorable a la escucha: se comprende por qué un concierto de música clásica conduce de forma natural a la interioridad. Pero también encontramos el arte de la repetición en la música oriental, con el mismo propósito.

Entremos un poco más en la fisiología de este órgano: una mejor comprensión permite vivir mejor su función en sus múltiples dimensiones. Hay un cerebro local en el corazón, que le otorga cierta autonomía, incluido el hecho de hacerle secretar hormonas, especialmente la denominada «del amor». Pues bien, este «pequeño cerebro» está estrechamente relacionado con el llamado cerebro límbico (el cerebro límbico, que apareció con los primeros mamíferos, incluye en particular el hipotálamo y el hipocampo). Es en esta pareja estrechamente relacionada, distinta del llamado cerebro cognitivo, donde se producen las emociones. Hay intercambios permanentes entre el corazón y el cerebro límbico, que se realizan en particular a través de las redes simpáticas y parasimpáticas: una desempeña el papel de acelerador y la otra desacelera. Esto permite reaccionar rápidamente si es necesario. Cuando tenemos emociones perturbadoras como el estrés, este doble papel tiene lugar de un modo caótico, lo que implica una gran pérdida de energía, fatiga e incluso enfermedades.

Se ha demostrado que cuando uno pone su presencia en el corazón, precisamente considerándolo «como un niño pequeño», en palabras de David Servan Schreiber en su hermoso libro *Guérir* (Sanar), las variaciones del ritmo cardíaco se producen de forma regular, una situación que recibe el nombre de «coherencia cardíaca». Es una forma de salir de situaciones de estrés y de los estados de depresión, lo que proporciona una mejor calidad energética general, algo que —hacemos notar— corresponde al posicionamiento generalmente sugerido por la oración y la meditación.

Además, estas variaciones coherentes de la frecuencia cardíaca pueden sincronizarse con el ritmo de la respiración llevada a cabo regularmente de modo consciente. De hecho, la respiración está controlada por el bulbo raquídeo, que se encuentra detrás de la nuca. Como este bulbo raquídeo está conectado con el cerebro cognitivo, podemos modificar conscientemente el ritmo de la respiración, y como en consecuencia, la frecuencia cardíaca.

De ese modo hacemos bajar nuestra conciencia desde la cabeza hasta el corazón. A través de la respiración consciente y la atención en el corazón, el cerebro cognitivo controla el sistema emocional de una manera suave: esto explica por qué este enfoque hace posible actuar sobre la mente y, de forma más general, sobre nuestro estado interior.

Por lo tanto, consideramos que esta cualidad es generalmente tranquilizadora, como la de un compañero que trabaja para nosotros sin parar y que no pide más que eso, siempre que no se le perturbe. Nuestra conciencia puede controlarlo con la ayuda de la respiración, para ponernos en un estado favorable a la interiorización. Con los pulmones y el cerebro, forman la parte superior de nuestro cuerpo, que nos conecta con el dominio del espíritu. Se encuentra, de algún modo, como en un puesto de mando; dirige la orquesta. Un director de orquesta que sabe cómo hacerse obedecer de forma eficaz porque conoce la regla fundamental de esta eficiencia, a la que llamamos amor. No actúa por medio de la imposición, no ejerce la fuerza: pone en movimiento aquello que hay de mejor en nosotros, y también en los demás.

Finalmente, resulta que el cerebro límbico con el que el corazón está directamente conectado, es un cerebro muy antiguo: algunas partes se remontan al comienzo de la gestación que terminó en el hombre. Es como un recuerdo vivo desde el principio de nuestro linaje. «Ponerme en el corazón», es también conectarse biológicamente con nuestros orígenes.

Remontar nuestro árbol genealógico y entrar en contacto con la sustancia que va a transformarse gradualmente en lo que somos. Poco importa cómo sucedió, históricamente: lo importante es que cortocircuitamos la historia como una flecha que apunta a la fuente. Es instantáneo. Pero ahí, ahora, podemos hacerlo conscientemente. En este sentido podemos decir que el acto respiratorio vinculado a la actividad cardíaca establece el vínculo entre nuestra presencia en el mundo externo presente y nuestro origen. ¡Es la fragancia del corazón! En un plano esotérico, los místicos dirán que lo Divino está en la cueva del corazón, y asignarán a esa presencia el color rojo.

Este sentimiento de presencia en este lugar también tiene su origen concreto y comprensible en la función operativa que desempeña el corazón: hace circular la sangre. Es como un vaso muscular que bombea e impele periódicamente, como lo hacen los pulmones con el aire, excepto que el corazón lo hace, por así decirlo, en un circuito cerrado. ¡Con motivo de una ecografía cardíaca, escuchar el sonido de este flujo y reflujo es impresionante! ¡Qué poder! Por consiguiente, aparece otro simbolismo fuerte, vinculado al hecho de que esta sangre, que circula con tanto vigor, lleva los signos de nuestra herencia. Simbolismo que se expresará en los ritos donde decimos que «bebemos la sangre», como «beber la sangre de Cristo»: expresan y manifiestan así la transmisión de una herencia que nos hace «pertenecer» al mismo linaje.

Los pétalos periféricos del corazón revelan otra función simbólica absolutamente importante: se orientan hacia la noción de centro. Para prepararse para la meditación, a menudo se dice que hay que meterse en el corazón, pero se agrega de manera bastante espontánea: en el centro del pecho. ¿Qué sugiere la noción de centro? Es principalmente el símbolo del conjunto: el panel que marca el centro de un país, representa en ese punto todo el país.

El centro de gravedad explicita un cuerpo entero en su manifestación. El centro también evoca el lugar donde se reúne lo esencial, lo más denso o lo más importantes, como el centro de una ciudad o el centro de atención que lleva un grupo de personas. Hablaremos sobre el punto central de una reflexión o de una demostración. Pero también evoca, por supuesto, un lugar de poder, un centro de decisión. El centro evoca así el punto de fuerza y equilibrio alrededor del cual todo gira o se armoniza en un todo vivo. Esto es lo que el corazón evoca como centro, pero hay más.

El antiguo Egipto nos ha enseñado mucho sobre el poder del símbolo. La idea importante es que el símbolo actúa porque nos lleva directamente a lo que quiere evocar o transmitirnos. En lo que concierne al corazón, dos jeroglíficos simbolizan sus dos características principales mencionadas anteriormente: en uno hay un jarrón, en el otro aparece un león, símbolo de fuerza. Pero desde el punto de vista de la noción de centro, el simbolismo de la bandera en el jeroglífico de Neter es particularmente interesante.

Como en nuestras carreteras, la orientación de la bandera indica de dónde viene el viento. El viento evoca el soplo, la respiración, el movimiento, la difusión del polen: todas las características de la vida. La bandera evoca así dónde se encuentra la fuente de toda vida. Una forma de hablar de Dios sin pronunciar su nombre, según Katia Ugolini (GENESIKA en Facebook). Al igual que la bandera entre los egipcios, el simbolismo del corazón como centro indica dónde está la fuente de mi vida. En este punto se encuentra la indicación: «allí estoy yo». Y allí, todo lo que no soy se evapora para dar lugar a este «yo soy», que no puedo formular de otra manera. El color verde se asocia a menudo a esta presencia bajo de la función de centro.

Hablar de todo esto es una cosa, pero lo importante es olvidar todo y vivirlo. Es un verdadero aprendizaje saber estar «en el corazón» a lo largo de nuestras actividades. Ante una pregunta que le hice, para que me dijera cómo llegar hasta allí, Doménico, un maestro contemporáneo, me respondió: «Es suficiente hacerlo las veinticuatro horas del día. Toma una imagen: es como si tú te estuvieras dando a luz a ti mismo. Sé dulce, muy dulce con tu corazón». También otros pueden sentirse, como yo, tocados por la belleza de esta formulación. También enseñó, a este respecto, a respirar como si el aire saliera del pecho. Cada uno puede encontrar su propia técnica y constatar la apertura interior que provoca, lo que permite sentirse alineado con lo que realmente es, independientemente del exterior.

En el antiguo Egipto, el corazón también se representaba como un testigo del paso entre el antes y el después de la muerte, a través del simbolismo del peso del corazón. Se puede sentir su significado por la expresión: marchar con el corazón ligero. Hizo lo que tenía que hacer. Este es, de hecho, el deseo que cada uno puede expresar respecto a aquello que le concierne en el momento de su muerte.

La rosa blanca

El amor

Según Charles Trenet, cuando «su corazón hace *boum*», ¡es el amor que despierta en él! Efectivamente, nos brinda una hermosa alegría de vivir, esta proximidad entre el corazón y el amor. Digamos: como una rosa roja y una rosa blanca, dos flores siempre próximas en nuestro lenguaje y en nuestros sentimientos. Esta flor del amor siempre tiene un aroma deseable y dudamos en acercarnos demasiado por temor a perturbarla... Pero si se la conoce mal, puede marchitarse rápidamente, demasiado rápido, de acuerdo con mi comportamiento hacia ella. Entonces, sin duda, es útil verla con un poco de curiosidad.

Desde luego, el amor es esta emoción entusiasmante que se siente en el encuentro con un ser que me atrae, con un componente sensual más o menos explícito. Se menciona en muchas evocaciones poéticas o musicales que proporcionan una intensa alegría de vivir. ¡Qué hermosa ilustración su aparición en *Primera velada* de Arthur Rimbaud! Y, finalmente, sigue la infancia de la vida con una expresión curiosa: ¡hacer el amor! Así puede comenzar otra fase de amor: tener un hijo. Y amar a este niño.

En ambos casos, uno está «arrebatado por», a menudo en un estado de maravilla asociado con una expresión de belleza. «¡Qué hermoso eres!» o «¡qué bella eres!» son expresiones casi equivalentes a la de «te amo». Pero el amor también se practica, por así decirlo, de un modo sereno y discreto, por ejemplo, en la vida cotidiana de muchas parejas o en las relaciones amistosas, y el maravillamiento puede traducirse por una simple sonrisa o una iniciativa para complacer al otro.

Entonces, ¿cómo entender que este impulso de amor por «ir hacia» nos lleva a actos que no están asociados con ninguna maravilla o expresión de belleza? Por ejemplo, ocuparse de un enfermo agonizante o ir a visitar a las personas que se encuentran en prisión, a pesar de que pueden haber cometido atrocidades. Es entonces la noción de bien, de «hacer el bien», la que se asocia con el amor al prójimo, de acuerdo con la expresión típica en el catolicismo.

Nos conmueve el sufrimiento de los demás y el amor nos lleva a ayudar. Sin duda, podemos encontrar la razón de esto en la existencia de un impulso natural que llevamos en nosotros mismos como «proveniente del corazón». A menudo se considera que el amor tiene un opuesto al odio o la violencia. Pero podemos muy bien odiar y ser violentos incluso con alguien a quien amamos, tal vez demasiado. En realidad, podemos decir que el amor no tiene opuestos. Parece estar ubicado en algún lugar de nosotros, nacemos con él, y podemos vivirlo y ponerlo en práctica o reaccionar reprimiéndolo.

Cuando uno experimenta una forma de angustia existencial, una buena práctica es mirar dónde estamos en nuestra capacidad de amar: entonces podemos sorprendernos al ver el surgimiento de la conciencia, experiencias personales a menudo más numerosas y más fuertes de que lo que pensamos, lo que atestigua la pertinencia de nuestra capacidad de amar, incluso en condiciones difíciles. Propongo hacer una pausa por un momento sobre esta cuestión: ¿en qué forma parte el amor de nuestra naturaleza?

Una primera forma de comprenderlo que podríamos llamar «científica» es la siguiente. Consiste en observar que el universo es, en realidad, una colección única e indivisa de elementos que se ensamblan de una manera más o menos estructurada, más o menos compleja, que se mueven e interactúan, pero de la que nada se separa *a priori*. Así, el conjunto de los vivos es un conjunto de células que constituyen una globalidad única en toda la tierra.

Pero la conciencia que se nos da es, al menos al principio, localizada. Sucede lo mismo en el caso de nuestra mente, que funciona dándonos imágenes segmentadas de lo que ve «en el exterior». La realidad es una y no está dividida, pero se nos presenta como un conjunto de imágenes distintas. En este enfoque, podemos considerar que el amor es la fuerza intrínseca que refleja esta unidad de la realidad, pero en el mundo de las imágenes. El amor es lo que nos lleva a ir más allá de aquello que nuestra visión humana ha separado. Incluso puedo pensar en ello como la fuerza que conecta todas nuestras distintas conciencias, del mismo modo que las fuerzas que unen los componentes de la materia: un físico puede comprender esta forma de verlo.

Por supuesto, el enfoque anterior tiene su valor, pero sigue siendo algo intelectual: el amor es parte de nuestra naturaleza por razones mucho más concretas. A continuación, todos podrán explorar en profundidad lo que representa el amor, con el objetivo de vivirlo y compartirlo mejor. ¿Cómo puede el amor considerarse una nostalgia positiva? ¿Por qué supone la ausencia de apego? ¿Qué papel juega la emoción? ¿Qué conexión tiene con el perdón? ¿Cuál es su función como pedagogía relacional? Sin mencionar que se trata de una enorme fuerza liberadora. Y finalmente, abordaremos sus dos dimensiones, horizontal y vertical.

Una buena visión del amor es, efectivamente, considerarlo desde el punto de vista de lo que llamaré una nostalgia positiva: el sentimiento que sentimos que tiene sus raíces en una experiencia de la cual guardamos un recuerdo maravilloso, pero para proyectarnos hacia eso que, ahora, resuena con esta experiencia.

El significado dado aquí a este término de nostalgia, no tiene por tanto la connotación negativa y algo triste que comúnmente se le atribuye. Saint-Exupéry habla de ello diciendo: «La nostalgia es el deseo de no se sabe qué...». Desear al otro sin saber qué sucederá, y sin saber que se trata de una nostalgia de la unidad. Desear tener un hijo sin saber qué será, y sin sospechar que se trata de una nostalgia de la permanencia. También se puede formular diciendo que, al menos en nuestro inconsciente, si se ama es porque hemos sido amados.

Si se ama es porque hemos sido «uno con». En particular, uno con nuestra madre antes y después del nacimiento, por supuesto, si las condiciones lo permiten. Sin duda, guardamos, de forma más soterrada, una forma de agradecimiento por el hecho de que a través de la génesis de la vida y la evolución de la humanidad, «todo sucede como si» una intención haya hecho que «yo sea». E incluso podemos vivir este mundo como si hubiera sido creado para mí, tal como lo formuló audazmente un monje anglicano del siglo XVII, citado por Jean Louis Chrétien en su hermoso libro *La joie spacieuse*. Si decimos «Dios es amor» es porque expresamos la creencia de que ha tenido la intención de que yo sea. Vivo el vínculo unitario entre lo que soy y aquello ha hecho que yo sea. Y buscamos construir lo que nos permita vivir esta unidad nuevamente: sabemos de algún lugar que caracteriza nuestra naturaleza profunda. «La nostalgia de Eso», decía Yvan Amar. Pero todo esto se vive fundamentalmente en el presente, y nos atrae la necesidad de descubrir esa unidad que presentimos.

Pero nuestra existencia en el mundo no se desenvuelve sino en un contexto de dualidad. Esto, al menos, tiene la ventaja de hacernos conscientes de esta cualidad de unidad, precisamente por el dolor que provoca su ausencia. También tenemos la experiencia por las muchas circunstancias que nos hacen vivir una ausencia como presencia. Ese es el motivo por el cual el amor es un elemento básico en todas las espiritualidades y en todas las religiones: encontrar al que no percibes. Esto se afirmaba explícitamente en los Evangelios.

Para el judaísmo, el amor de Dios se refleja en la alianza con su pueblo. Entre los nombres de Dios en el islam encontramos «El que ama», y una gran parte de los otros nombres son cualidades del amor. La benevolencia, la compasión, la alegría, la ecuanimidad, son expresiones del amor para el budismo.

Desafortunadamente, estas religiones, que han perdido el despegue positivo de sus orígenes, no lo han puesto a menudo en práctica sino dentro de los límites que se han construido, oponiéndose e incluso llegando a combatir a otras personas que no tenían las mismas creencias. Esto alimenta una confusión que relativiza la importancia del amor, pues la verdadera naturaleza del amor es este sabor original del que habla el Maestro Eckhart con su hermosa fórmula: «¡Dios se saborea a sí mismo!» En el presente del amor, nosotros lo imitamos.

Pero el mismo Maestro Eckhart también precisa la importancia de una virtud que él llama «desapego». Incluso tiene una formulación sorprendente: «Lo que mejor tiene el amor es que me obliga a amar a Dios, mientras que el desapego obliga a Dios a amarme». Para evitar confundir esta virtud con la indiferencia, me permito preferir el término «no-apego», que probablemente corresponda mejor al significado que él pretendía dar.

Solo podemos amar válidamente si somos libres de hacerlo. Pero a menudo pensamos que estamos actuando por amor cuando en realidad lo hacemos como resultado de un apego vinculado a eventos pasados o a una atracción irresistible. Se debe mantener una «distancia» con los seres que amamos, precisamente para poder amarlos libremente. Es esencial.

Si uno no posee lucidez en este punto, puede dedicarse a una causa o a alguien, no por amor (mientras que piensa que lo está haciendo por esta razón), sino para satisfacer una necesidad personal que no ha identificado como tal. El no-apego tiene la característica de aligerar el peso del apego en tanto que vínculo constrictor: es un requisito previo para que nos sintamos libremente en plena receptividad a la llamada del otro. Sin embargo, no se trata de rechazar toda iniciativa tomada sin esta conciencia: sería una mirada en exceso negativa hacia muchos comportamientos generosos en el campo humanitario y social, que en cualquier caso pueden ser útiles para otros, pero también para el yo como el primer paso de una evolución personal hacia una mejor comprensión de lo que nos motiva. Recuperar un estado de libre espontaneidad del amor.

Se habrá entendido que el no-apego que estamos tratando aquí no es un estado sin emoción. Un vínculo muy fuerte une, en efecto, el amor con la alegría, y si uno busca una forma de perfección sin apego, se arriesga a perder esa aptitud hacia la alegría que procuran la atracción y el deseo. Las emociones nos empujan a actuar, y ahora sabemos que son fundamentales para estructurar nuestra memoria, puesto que es en esta memoria donde tenemos las imágenes de otros.

Gracias a esta memorización, los otros, en la medida en que provocaron estas emociones, están de alguna forma dentro de mí, y es con estas imágenes como las identifico para poder amarlas. Por lo tanto, parece sorprendente que la capacidad de amar a los demás sea de la misma naturaleza que la de amarse a uno mismo, ya que también lo hacemos a través de la imagen que tenemos de nosotros mismos. Encontramos a este nivel la importancia de no apegarnos a esta imagen, para poder amarnos libremente a través de ella. Incluso se puede decir que amarse a sí mismo es un requisito previo para poder amar a los demás.

Desconfiamos de la emoción en los círculos de la espiritualidad y hay muchas dudas a la hora de encontrar un término más apropiado como sentimiento. Yo prefiero mantener la fuerza del término, especificando precisamente que es apropiado estar libre de la emoción sin evacuarla: el trabajo consiste en verla a distancia para utilizar bien su energía. También observaremos que estar libre de emociones es también lo que nos permite estar en disposición de perdonar.

El perdón es una firma de amor. Tomemos el ejemplo de Jesús, cuando nos dice que amemos a nuestros enemigos: en concreto, lo que pide es saber cómo perdonarlos. Esto supone que nuestras emociones de odio no han sido reprimidas, que incluso han podido manifestarse y luego desaparecer. Este es el enfoque del no-apego. El perdón es entonces posible. A la inversa, en el Padrenuestro, oración cuyo origen es muy lejano, pedimos perdón, en el sentido de saber perdonar: esto equivale a pedir saber saber amar mientras nos desapegamos de todo lo que nos impide hacerlo. De hecho, no siempre sabemos cómo relacionarnos con el amor: ¿realmente amo? No siempre es fácil responder a esta pregunta. Es más operativo preguntarse: ¿me siento capaz de perdonar? Si perdono, es porque me he desvinculado de los reproches que puedo tener contra el otro y esto, en cierto modo, me «fuerza» a amar, o al menos me pone en una mejor posición en esta vía: encontramos de nuevo el argumento del Maestro Eckhart.

Es en este sentido como podemos considerar el amor como un poder, sin duda el más fuerte de todos los poderes. Pero, ¿qué es lo que nos da la fuerza para perdonar? Es ver en el otro no lo negativo de la culpa que pudo haber cometido, sino la parte inocente que aparentemente había desaparecido, pero todavía estaba allí, potencialmente activa.

Otra firma de amor a veces pasa desapercibida. Es posible que hayamos tenido una relación más o menos afectiva con alguien, amistad, familia, incluso amorosa, y este afecto parece haber desaparecido con el tiempo por una razón u otra. Y luego, un acontecimiento hace que sepamos que esta persona está en problemas, y he aquí que nos sentimos irresistiblemente arrastrados a prestarle ayuda. Es como un rastro que ha vuelto a cobrar vida, que da testimonio de un amor siempre presente.

La naturaleza, que ha creado el amor para conectar nuestras conciencias, opera para ello con una pedagogía asombrosa. Uno solo puede maravillarse con los trucos que la vida ha inventado para garantizar su durabilidad y su evolución. Ha sido necesario que concibiera el amor físico, la atracción sexual, para poner en marcha la complejidad de los comportamientos, permitiendo la reproducción. Pero el amor interviene de una manera más sutil, como una forma notable de transmitir información a otro nivel.

Ya el amor de los padres por su hijo lo coloca en un estado de receptividad para todo aquello que tienen que hacerle conocer acerca del entorno en el que crecerá. Más tarde, de un modo más general, el amor lo pondrá en un estado de apertura y de acogida para enriquecerse con lo que la vida le ofrecerá. La insuficiencia o la ausencia en este campo se traducirá en una retirada sobre sí mismo, perjudicial para su crecimiento y su inserción en el mundo.

Pero más tarde, puede que busque a alguien que le ayude a responder sus preguntas esenciales. Y, naturalmente, será la pedagogía del amor lo que este último utilizará para transmitir el conocimiento que él mismo ha recibido de la misma manera. De hecho, el amor pone al otro en pie de igualdad y funciona igual que lo hacen las esclusas:

cuando los niveles son iguales, el barco puede pasar. Aquí nuevamente, y quizás especialmente aquí, la vida ha encontrado la mejor manera de hacer circular la intención que quiere transmitir.

Una vez más, uno no debe confundirse acerca de la naturaleza de la fuerza del amor. Es una fuerza intensa pero neutra, como las otras fuerzas de la física. Si tiene una intención, será para la vida en su conjunto, no para mi ego. Ella no se plantea la cuestión de hacerme ningún bien: depende de mi conciencia hacerlo. Ella interpreta su partitura en un registro diferente al de la paz armoniosa de un amor sereno y devoto.

Para entender su función en nuestro proceso evolutivo, tanto para cada uno de nosotros como para la humanidad, podemos decir que a través de esto pasa la energía necesaria para ascender hasta lo alto. Decir que esta fuerza no tiene opuestos significa que no puede existir: es «una fuerza de la naturaleza». Empuja para hacer aparecer, para hacer emerger. Ella participa en la creación.

Todavía es necesario estar alineado con la intención positiva de la que puede ser portadora, que uno no siempre ve en el momento en que interviene, ya que otras fuerzas nos están solicitando en otras direcciones, que tienden a contrarrestarla. Estas otras fuerzas generalmente se manifestarán en forma de emociones que no nos hemos tomado el tiempo de «ver», especialmente el miedo.

El miedo a vivir, como se suele decir, y también la culpa por las perturbaciones que se han podido causar, es lo que nos impide encontrar soluciones para remediarlo. Pero también la adicción a los hábitos. La vida, desde este punto de vista, es como un volcán que hace que el caparazón se agriete y ame una fuerza que se libera para ese propósito. Muchos ejemplos pueden dar la dimensión de los efectos de esta energía liberada: Rumi, después de su reunión con Shams y, en un momento muy diferente, el abate Pierre. Pero también Ma Anandamayi, que encarnó «el amor de lo Divino» con una fuerza tal, que lo irradiaba literalmente. Pero de una manera más directamente accesible, todo el mundo puede encontrar a su alrededor seres que manifiestan cualidades de esta naturaleza.

El cristianismo enfatiza el amor al prójimo para acercarse a Dios: lo que le haces a tu prójimo, es a mí a quien se lo haces, dice Jesús. En el sufismo, como vemos especialmente en los maravillosos textos poéticos de Rumi o Attar, todo se centra en el amor directo hacia Dios, hacia el Amigo. El primer paso es horizontal y nos lleva a la presencia y la acción; el segundo es de alguna manera vertical, orientado hacia este «Polo» que menciona Henry Corbin («el hombre de luz en el sufismo iranio»).

Estos dos enfoques del amor son evidentemente complementarios: si nos ocupamos demasiado del prójimo, corremos el riesgo de olvidar la verticalidad; si apuntamos demasiado hacia la verticalidad podemos olvidarnos de nuestro vecino.

Pero convergen —en forma de cruz, podríamos decir—, para enseñar que el amor es esa gran fuerza ascendente, extraordinariamente poderosa, que nos empuja hacia lo alto con la energía que nos otorga para actuar aquí con los demás: es una información esencial que todos los profetas y sabios de diversas tradiciones se han esforzado por transmitir.

Uno puede ver un significado al que se le puede dar al término de «crístico». Participación en una luminosa intención que debemos «encarnar» para que se realice en este mundo.

La orquídea

La consciencia

Ella se llama a sí misma consciencia, esa flor tan particular del Jardín. Bella como una orquídea. A decir verdad, ¡el Jardín no existiría sin ella! Los seres que huelen su perfume hablan de ello con respeto, como si la existencia de lo que lo rodea emanara de ese perfume. Múltiple y secreta a la vez, da vida al conjunto. ¡Múltiple, ciertamente, y tanto!

De entre ellas, desde mi nacimiento, solo una me fascina, me sorprende, me toca profundamente, como si tuviera sus raíces en mí y en ninguna otra parte. Tanto como puedo hablar de otras como florecen en el espacio que me rodea, de algún modo en la horizontalidad, tanto el perfume de esta me eleva en mi única verticalidad con una constante extraña: su presencia le da a mi corazón la habilidad bastante notable para poder afirmar «yo soy», aquí y ahora.

Detrás de esta imagen de la flor se ocultan dos formas que adoptan una realidad que llamamos consciencia. En lo que sigue, podremos preguntarnos acerca de en qué la primera, múltiple, desempeña una función operativa, local y horizontalmente. Y también ver cómo la segunda, única y singular para aquello que me concierne, me relaciona con mi esencia elevándome hacia lo alto. La una se manifiesta en la expresión «tener consciencia», la otra se vive como «consciencia de ser».

Los defensores de un enfoque que se pretende científico, estarán satisfechos con la idea de que esta cualidad de consciencia puede ser el resultado de un desarrollo «normal» en la evolución del universo, que aún no hemos «inclusivo». Hacemos una representación de la evolución que nos satisface, al menos por el momento, en la que de alguna manera el «yo» no existe con su singularidad: nos describimos como vistos desde el exterior, como una foto tomada en un libro anónimo y en la que me encuentro.

Por lo tanto, para los investigadores que trabajan en el estudio del cerebro, la consciencia vendría del hecho de que lo observable (en este caso, el espíritu en funcionamiento) es también el observador de sí mismo (una retroalimentación, como se dice en electrónica). Es evidente que esta retroalimentación puede generar una imagen de sí misma, pero no del «ojo» definitivo que ve esta imagen.

De hecho, esto solo conduce a eso que podemos llamar inteligencia, como la que podemos encontrar actualmente en robots sofisticados. Se trata de un proceso que se autogenera y que provoca conductas que dan una ilusión de consciencia, porque obtenemos una capacidad de respuesta a un estímulo que demuestra una capacidad para «reconocerlo». Afortunadamente, la terminología actual para evocar las evoluciones meteóricas en este campo, no eligió el término de consciencia, sino la expresión «inteligencia artificial». La conciencia, sin duda, se apoya en esta retroalimentación interna que da esta ilusión, pero no debemos confundir la una con la otra.

Algunos investigadores han ido muy lejos en esta búsqueda de comprensión. Teilhard de Chardin fue, de hecho, uno de esos científicos y teólogos cuya capacidad de asombro motivó a pasar toda una vida con este objetivo. Su obra es notable. Ha sido, en tanto que paleontólogo, el equivalente del Stephen Hawking de hoy en día en tanto que cosmólogo: dos buscadores de una descripción del Universo. Este último concluyó la inexistencia de Dios en su modelo descriptivo, lo más cercano posible a las teorías científicas actuales; Teilhard de Chardin, por el contrario, proporcionó una descripción que da una bella coherencia a la idea de un Dios para quien la creación tiene un propósito que él llama «el Punto Omega». Una de sus ideas fundamentales e innovadoras fue considerar que la consciencia aparece a partir de un umbral de complejidad en la evolución de la vida. Pero tanto uno como otro piensan en una posición fuera de sí mismos y, aunque es apasionante, esta descripción de Teilhard de Chardin es en realidad acerca de cómo surge la consciencia «en los otros».

Y si me incluyo en esta descripción, esto significa que «yo» arrojo una mirada sobre mi consciencia desde el exterior, lo cual es incoherente: el problema del origen singular de esta mirada permanece intacto. Cuando la ciencia pretende estudiar y decir cosas sobre la consciencia, no es sino al respecto de la consciencia en el sentido de ser consciente.

¿Qué significa en la vida cotidiana tener consciencia? Es, en lo que a cada uno concierne, una función que puedo nombrar solo por la descripción de lo que resulta de ella. En cuanto a los demás, solo puedo suponer que disponen de la misma función. Básicamente, tener consciencia nos identifica como estando en el centro de un espacio que nos rodea y en el que sentimos «existir».

Es este centro que a menudo llamamos el corazón. Un poco como si tuviéramos un sexto sentido que nos hace sentir que estamos «en el centro». Alrededor de este centro, esta consciencia que tenemos opera como una presencia que puede ocupar una parte más o menos vasta de este espacio. La vivimos en un espacio que a menudo es muy limitado en nosotros y en torno a nosotros, lo suficiente para hacer cosas que se supone que responden a la información proporcionada por nuestros sentidos. Desde este punto de vista, desempeña bien una función operativa.

Sin embargo, notemos que si dejamos por un momento nuestras preocupaciones inmediatas que necesitan estar presentes localmente, podemos extender el espacio en el que se ocupa nuestra consciencia. Sea cual sea la medida en que opera, esta capacidad de sentirse como un centro y de distinguir las formas que nos rodean, genera un sentimiento de poder de forma bastante natural: sin duda un reflejo de supervivencia cuyos orígenes son muy lejanos, lo cual empuja al hombre a devolver al centro lo que es accesible para él. Esta es probablemente la razón de ser de lo que se denominará el ego, que también nos juega malas pasadas.

Evidentemente, podemos permanecer con esta simple evocación de lo que es: ser conscientes. Pero en algún momento u otro durante el curso de la vida, uno puede sentir el deseo, o incluso la necesidad, de ir más allá: como una llamada a explorar dimensiones más vastas. Aquellos interesados en tener una visión coherente de un posible proceso para ellos mismos con este objetivo, encontrarán a continuación ideas que pueden serles útiles, sabiendo que el único explorador cualificado es él mismo. Se apoyarán sucesivamente en estos dos dominios de la consciencia: «tener consciencia», y después «la consciencia de ser». En ambos casos, se trata esencialmente de provocar una ampliación del punto de vista.

Primer dominio: dilatación de la dimensión horizontal, tener consciencia. Podemos partir de un ejercicio un tanto simplista, pero que puede ayudar para lo que sigue. Tengo un teléfono móvil en mis manos. Primer estado de consciencia: sí, tengo este objeto en mis manos. Segundo estado de consciencia: como ingeniero, sé que en el interior de este objeto hay una serie de elementos de gran tecnicidad que lo hacen funcionar. Tercer estado de consciencia: el enorme trabajo humano que ha sido necesario poner en práctica para lograrlo, en términos de creatividad y fabricación. Cuarto estado de consciencia: un profundo agradecimiento por quienes lo hicieron y por darme la oportunidad de usarlo.

Otro ejercicio de la misma naturaleza: nuestra relación con los demás. También se puede, en este caso, recorrer estos cuatro estados. Primer estado: el otro que está ahí. Segundo estado: la historia y la personalidad de la otra persona, que lo hace único. Tercer estado: toda la historia de la evolución humana, que ha permitido su existencia y la mía, así como esta relación entre nosotros ahora. Cuarto estado: muchas gracias por este vínculo que nos conecta, incluso si no es fácil, y por todo el universo que lo hizo ser. Esta es la gratitud de la que Christiane Singer habló tan bien.

Tercera proposición. Hemos visto que tener consciencia se asocia primero con mi individualidad, que actúa sobre un espacio horizontal, limitado a lo que me es útil. Esta forma de conciencia, que llamaremos primaria, tiene un anclaje orgánico en nuestro cuerpo, estando muy ligada a nuestro cerebro.

Pero nuestro cuerpo es parte de un todo más grande en el que interactúan otras consciencias equivalentes. El primer paso de la ampliación consistirá en sentirse concernido de forma positiva por la vida de aquellos a los que llamaremos «mis seres cercanos» y «mi prójimo»: incluso familiares lejanos, amigos y relaciones que cuentan o han contado para mi evolución, a veces también en la dificultad o en la prueba. Salir del «yo-yo» y de mi único interés, para tener en cuenta la vida y las necesidades de esta «familia».

Seguidamente puedo pasar a la consciencia de una multiplicidad de tales familias que se codean y se entrelazan, cuyo conjunto forma la sociedad a la que pertenezco, que a su vez participa en la humanidad en su conjunto. Se suele decir de las personas cuya consciencia horizontal se amplía, que son luminosas. Esta ampliación de hecho produce una dilatación interior: como si el mundo fuera más vasto, donde uno puede sentir múltiples presencias, viviendo en este momento o incluso habiendo vivido en el pasado. A medida que se produce esta dilatación, uno puede experimentar una forma de alegría, como expresa notablemente el hermoso título del libro de Jean Louis Chrétien: *La alegría espaciosa.*

Y el interés mostrado a otros, a través del cual comenzó este trabajo, se dilata, transformándose en algo que puede llamarse un estado de amor sin objeto. Este vínculo entre amor y consciencia es fundamental.

Segundo dominio: expansión de la dimensión vertical, la consciencia de ser. Las situaciones que acabo de evocar hacen alusión a una consciencia de sí como presencia en el mundo exterior, en el que nos permite actuar. Pero también debemos ser sacudidos por una pregunta esencial sobre el origen de nuestra existencia: ¡qué misterio poder afirmar «yo soy»! Digamos de otra forma: ¿qué es Eso que hace «yo»? Sin duda, es un tema, por así decirlo, que ha sido objeto de mucha literatura.

Pero sentirlo en uno mismo, para uno mismo, eso es otra historia. Tomemos la imagen de una piedra preciosa colocada en el fondo del agua, que los movimientos de la superficie nos impide ver: esto da al menos idea de la dificultad. Es como si tuviéramos la repentina intuición de una consciencia que opera en la profundidad de todo pero a la que no tenemos acceso. O más bien, de la que genéticamente solo tuviéramos la contraseña que correspondiera a su dimensión superficial. ¿Tal vez tener esta intuición permite la idea de que tendríamos el potencial para acceder a ella? Podemos al menos intentarlo.

En principio, podemos permanecer en esta imagen de la luz de un cristal precioso en el fondo del agua. Para esperar entreverlo, es necesario apaciguar la actividad en la superficie. En realidad, lo que estoy buscando en lo más profundo de mí mismo es reconocer lo que soy en otra dimensión de la consciencia, moviéndome hacia esta luz apenas vislumbrada. Es entonces cuando mi cerebro pensante experimenta, siempre demasiado rápido, la necesidad de formular lo que hago o lo que veo, de dar un nombre al objeto de esta búsqueda. Esta necesidad tiene su valor, en un primer momento, pero no da buena cuenta de qué se trata porque las palabras son pensamientos y no vivencias. Ahora bien, es evidente que la conciencia de ser es de una naturaleza completamente diferente a la de los pensamientos y razonamientos, que solo pueden aplicarse más que al mundo de la dualidad. Stephen

Jourdain[1] va incluso a decir: «En lo que respecta al autoconocimiento de uno mismo, el pensamiento no es lo apropiado; el arma que corresponde es la consciencia».

¡Pero esto es precisamente a lo que estamos tratando de acercarnos! Solo podemos dejar que llegue, poniéndonos en un estado interior favorable. Curiosamente, es un trabajo con el cuerpo físico que puede ayudarnos a calmar la superficie: ¡es una conclusión conocida desde la noche de los tiempos! Pero depende de cada uno ponerla en práctica con sus propias características.

Al mismo tiempo, requiere una gran vigilancia, porque un pensamiento contaminará de inmediato este sentimiento de intuición, y detrás de este pensamiento está el pequeño yo de la superficie que lo monopoliza: hecho rápido, bien hecho, más rápido que el rayo, como diría de nuevo Stephen Jourdain. El mero hecho de pronunciar en nosotros mismos la palabra consciencia de ser, ya es un pensamiento.

Y es cierto que tenemos una expresión muy común que ilustra este secuestro: «tomar consciencia». Las expresiones que se usan comúnmente no son anodinas. La cons-

---

1 Stéphen Jourdain, *Première personne* (Les Deux Océans, 1990) y especialmente con Gilles Farcet: *L'irrévérence de l'éveil* (Editions Accarias/L'Originel, 2012), fue un ser notable y sorprendente, desde varios puntos de vista. Es innegable que alcanzó el despertar sin estar vinculado a ninguna religión o familia espiritual. Además, necesitó treinta años para poder explicar con las palabras y descripciones más accesibles que pudo la experiencia que había vivido, como algo que nos concernía a todos nosotros. Atrevámonos a decirlo: se trata de un tesoro precioso para la humanidad.

ciencia de ser es un estado al que uno trata de acercarse de puntillas, lo que no impide el hecho de poder llegar de un golpe. Tomar consciencia es un acto: tiene su valor, pero no juega en la misma dimensión. Jean Klein explica la naturaleza de esta dificultad: «Vivid realmente en vuestra ausencia total». Solo la consciencia: «La conciencia es la única realidad». En el corazón de esta ausencia, podemos esperar ver aparecer la semilla de una presencia pura.

Vayamos un poco más lejos, o más profundo. La evidencia más fundamental que evitamos ver es que nadie más puede decir en mi lugar «yo soy». «Yo soy» es el único punto del mundo que no se puede analizar con las herramientas del mundo. En este sentido, es el único punto que no pertenece a la ciencia o al conocimiento. Es un poco de la misma naturaleza que un punto singular en matemáticas sobre una superficie, del que se dice que es infinito en la medida en que podemos acercarnos a él cada vez más, pero sin llegar a alcanzarlo.

El punto mismo se nos escapa. Afortunadamente, esto no nos impide razonar acerca de lo que sucede cuando lo abordamos. «Yo soy» es una singularidad en el mundo. Aquí también puedo acercarme a mi singularidad. Atrevámonos con otra analogía, esta vez gravitacional, para entender la importancia de la cosa: la de lo que denominamos un agujero blanco, el complemento de un agujero negro en las ecuaciones del universo. La enormidad de la comparación tal vez no sea demasiado: parece ser equivalente de lo que viven, en su universo interior, aquellos que han tenido la experiencia de lo que se conoce como el despertar. Estamos tocando la noción de límite, de frontera. Según una expresión conocida, podemos decir que este punto está en el mundo, pero que no es del mundo. Y toda mi dificultad de ser humano consiste en tratar de alcanzar la profundidad de la consciencia de ser, a partir de la superficie de mi cualidad de poseedor de consciencia. El trabajo que se propone aquí es vivir la sorprendente dimensión de la situación, que evitamos hacer en la vida cotidiana, precisamente por su carácter extraordinario.

Este carácter extraordinario puede aparecer aún más preguntando si esta singularidad tiene, como tal, un papel que desempeñar en la evolución de este mundo. Esto requiere tener en cuenta una parte de nuestro universo a la que no prestamos atención con frecuencia. Tanto si hubo creación con un principio como si no, este universo es donde vivimos.

Pero el conocimiento científico nos muestra que su evolución obedece a leyes, a menudo relativamente simples a pesar de la multiplicidad de sus consecuencias, y que no son menos inmutables: todo obedece a una forma de necesidad que se esconde detrás de una impresión de libertad limitada a la complejidad. Incluso lo que parece hacer evolucionar a la humanidad es una de estas leyes: en este sentido, incluso el azar es parte de la necesidad.

Podemos detenernos allí y, de alguna manera, aceptar vivir con ello, sin hacer más preguntas. Pero también podemos decir que «lo que es» supone un origen del hecho de que eso sea. No se trata de un comienzo en el tiempo, sino de lo que podríamos calificar como una intención. Por supuesto, vemos aparecer inmediatamente términos bien conocidos como Dios, Alá, etc. Pero también es posible aceptar por simple lógica la existencia de una forma tal de intención.

¿Puede esta intención intervenir sin romper las leyes que nos dirigen? Sugiero que nos atrevamos a apropiarnos de la idea de que eso puede pasar por una singularidad, siendo incluso la única manera de hacerlo: la proximidad de este punto es parte del mundo, pero en sí misma conduce a otra cosa. La última experiencia de «yo soy», íntimamente asociada a la conciencia del ser, tiene todas las características, como hemos visto. He aquí pues por dónde se puede manifestar una intención para este mundo. Algunos seres dan testimonio de que han sido atravesados por ella. La sustancia, que es aquello por lo cual una intención expresa en una forma, puede pasar a través de mi consciencia de ser. Esto no se hace solo: digamos que debemos trabajar para despertarnos y permanecer despiertos.

Las leyes no cambian: es mi conciencia la que cambia. ¡Qué responsabilidad! ¿Yo solo? ¡Qué pretensión! Obviamente no. No se trata de «mí» sino de «yo», que ya no pertenece a mi identidad egoísta: los demás pueden tener la misma visión, pero no puedo hablar por ellos.

Para aquellos que se sientan concernidos por el trabajo que acabo de mencionar, pueden llegar al final de su lógica. Entramos aquí en el ámbito de lo que puede llamarse religiosidad, presente en cada uno de nosotros independientemente de toda religión, pero que puede rechazarse o reconocerse. Esta singularidad por la cual puede eventualmente hacerse este pasaje de intención, me convierte en un solitario en esta marcha hacia el «ser». Se trata de mi consciencia de ser, y soy el único que puede acercársele. El hecho de estar juntos aquí es un apoyo poderoso, pero sin embargo estoy solo en mi viaje. La vida cotidiana no nos lleva a «ser conscientes» de esta soledad; y, sin embargo, tal vez sea la condición necesaria para esperar el paso a la «consciencia de ser».

Atreverse al vértigo de esta singularidad, de esta soledad, pero sin vivirla con miedo. Incluso un ser que lo ha vivido me devuelve a mi soledad, como un espejo: sabe de qué está hablando. Pero, debido a esto, puede transmitir la aptitud, el don, de recibir la sustancia. Solo y junto: es la difícil ecuación.

No en vano los Evangelios dan repetidos testimonios sobre la soledad de Jesús, aunque se encuentre rodeados por sus discípulos. Al menos están juntos para compartir el pan y el vino, y por medio de este rito se produce la transmisión. En varias formas, estas son las bases para una verdadera Escuela del ser. Gradualmente, en el corazón como centro, podemos percibir lo que en la cultura cristiana, pero no solo, se llama el estado de Cristo.

La puerta puede abrirse y los testimonios hablan en términos de luz o de una consciencia absoluta que ninguna formulación puede vislumbrar. Es recomendable prepararse para ello y llamar a la puerta, que es estrecha como dicen los Evangelios, pero nadie sabe decir cuándo o cómo puede abrirse. Por otro lado, la presencia y la vigilancia son esenciales. Entonces puede venir la gracia de lo que se llama, en este momento, el despertar, y que Santa Teresa de Ávila denominaba sin duda el matrimonio espiritual.

De acuerdo con estos testimonios, no abandonamos el mundo, sino que somos liberados: una vida en la absoluta consciencia no dual, pero que también sabe cómo volver al mundo de la dualidad y de la conciencia relativa, con clarividencia. Como una superposición de dos estados. Lee Lozowick lo expresa muy bien: «Puedes identificarte con el juego (de la vida) o simplemente observarlo. Hay una tercera posibilidad que conozco relativamente bien: es posible, al mismo tiempo, identificarse con él y observarlo... Identificarte con la vida y observarla. Esto es lo que hacen todos los grandes maestros».

El lirio

El espíritu

El aspecto noble del lirio lo convierte en una de las flores más hermosas del jardín. En una visión tradicional, el lirio sigue siendo el símbolo del rey: ciertamente se trata del soberano que tiene el poder, considerado de origen divino en los siglos pasados, pero que especialmente tiene esta cualidad de ser el iniciador de un inteligencia operativa colectiva sobre su territorio.

También conocemos las representaciones del arcángel Gabriel: a menudo se le representa con esta misma flor, el lirio, especialmente en las pinturas de la Anunciación. Es un mensajero de Dios: función divina que, en estos cuadros, se dirige a María. Conecta el cielo y la tierra. Esta hermosa flor nos servirá aquí como símbolo del espíritu. Bajo estos dos significados que evoca, es una representación pictórica de este término que usamos con tanta frecuencia sin preocuparnos demasiado por saber el sentido que le damos.

En realidad, podemos distinguir dos áreas principales de importancia para lo que llamamos el espíritu: una inteligencia operativa en nuestro mundo, o una manifestación del cielo que llamamos el Espíritu Santo. Se notará que, para este último sentido, hay otras representaciones: san

Juan, por ejemplo, habla del Espíritu Santo, pero en forma de paloma que desciende del cielo. O como un fuego, una llama que surge en las cabezas de algunos humanos.

Este término, el espíritu, es el objeto de numerosas interpretaciones para diferentes usos, como las imágenes sugeridas por el lirio o la paloma. Uno recibe, entre otras cosas, la influencia cultural, filosófica o religiosa, que nos propone el espíritu como esta parte de nosotros mismos separada del cuerpo. Y es de lamentar que si una de estas interpretaciones nos conviene, la elijamos preferentemente como una definición, a veces incluso de forma perentoria, dejando de lado, lamentablemente, la riqueza que se oculta detrás de los múltiples significados que puede tener este término.

Para remediar esto, propongo ir a través de estas evocaciones, desde las más simples, para elevarnos hasta las más grandes, como el ave que vuela, y luego ver cómo se genera la idea de algo inmaterial que desciende hasta nosotros, para impregnarnos de una sustancia transformadora. Esto nos permitirá ver el espíritu con su calidad de fuente de inteligencia que opera en nuestro mundo de existencia, y luego con su calidad de fuente de conocimiento al nivel del ser. En ambos casos, veremos que se trata de una función actuante.

Veamos, en primer lugar, la conexión entre mente e inteligencia. Esta opera en imágenes que se forman en el cerebro. ¿Por medio de qué mecanismo transformamos los elementos indiferenciados que capturan nuestros sentidos para que puedan ser utilizados por él? Los segmentamos para formar imágenes a las que damos nombres: luego podemos hablar y actuar en este mundo «externo» desde el cual estos elementos nos llegan. Pero operamos de la misma manera en otros niveles. Por lo tanto, de una manera más sutil, adoptamos el mismo proceso operativo a partir del funcionamiento interno de nuestro cerebro.

Este último produce estímulos observables que segmentamos bajo la forma de pensamientos. Ahora le damos un nombre a esta función global del pensamiento: para hablar de ello, decimos que es nuestro espíritu el que los genera. De hecho, detrás de este nombre, creamos una imagen de nuestro cerebro pensante. Esta imagen la construimos a partir de la memorización de experiencias de su funcionamiento, que acumulamos a lo largo del tiempo. Poco a poco, esta noción toma forma, por así decirlo, de suerte que llegamos a definirla y a nombrarla. Digamos que es un poco como caminar: la imagen de este gesto se forma poco a poco, y terminamos dándole un nombre: el caminar.

Realmente no podemos hablar del espíritu de otra persona, porque nada nos permite verlo trabajar desde el interior. En puridad, se dirá que tiene espíritu, con un sentido un poco particular. Además, casi siempre usamos la palabra en singular: reservamos el plural para evocar a seres inmateriales que algunos ven que interfieren con nuestro mundo. Mediante este uso del singular, «el espíritu», tal vez queramos considerar que existe una función común de este tipo en todos los seres. Sin duda podemos ver que al decir «mi espíritu», demuestro que soy el único capaz de decir algo sobre esta función que me concierne: posición singular de quien piensa que piensa.

En este sentido, hasta ahora, tenemos una imagen de una función asociada a nuestro cuerpo, específicamente nuestro cerebro, pero no solo, porque todos los órganos contribuyen a ello gradualmente. Pero también podemos situarnos en una visión global y aún no segmentada del universo en el que estamos y del cual formamos parte, que consiste en un conjunto de corpúsculos, átomos, moléculas y células, de las cuales nuestro cuerpo es un conjunto local particularmente denso y de una complejidad muy grande. Es una visión de la materia viva como un todo, donde evitamos identificarnos como separados del resto. Quedémonos un momento en esta forma de ver.

Estamos así inmersos en este todo global. Ahora bien, en este conjunto hay evidentemente una multiplicidad de lugares donde se producen los pensamientos: lo que llamamos espíritu también puede considerarse en este nivel como la imagen de esta función del pensamiento, pero ahora vista en su totalidad. Estamos acostumbrados a considerar que cada uno de nosotros está completamente separado de los demás: de hecho, esto es solo parcialmente cierto.

Somos un poco como las células de un corazón: cada una de ellas vibraría a una cierta frecuencia propia si estuviera aislada, pero una vez en el conjunto, participa en una frecuencia común. De la misma manera, nuestros pensamientos están influenciados por lo que emana del conjunto y participamos localmente, y a pesar de todo con cierta autonomía, en un pensamiento global que es una función de la humanidad, cuya imagen es lo que llamaremos el espíritu. Estas interacciones que nos influyen pueden ser simplemente los mensajes que se difunden en una variedad de formas, y todos los pensamientos actuales nos influencian tanto como los emitidos en períodos anteriores.

Esto forma un todo, aunque esto no sea visible. Por ejemplo, ciertas características comunes a nuestros cerebros pueden incluso, de manera inconsciente, «sincronizarse» durante un período más o menos largo, para formar una imagen de referencia colectiva que se vivirá como una evidencia, condicionando así nuestras emociones. Estos son los «arquetipos» que guiarán nuestros modos de reacción de manera similar. Una sincronización colectiva en un momento dado también se puede buscar explícitamente, en busca de lo que se llama una «inteligencia colectiva». En algunos casos, incluso se puede aceptar la idea de que promueve un resultado esperado colectivamente. Y algunos estudiosos actuales en el campo de las teorías del universo, incluso se preguntan si nuestro espíritu no sería la fuente del tiempo, aunque nos parezca una información objetiva.

Nos resulta difícil aceptar este enfoque, sin duda porque no sabemos cómo funcionaríamos si estuviéramos realmente completamente aislados. Si estamos dispuestos a aceptarlo, esto le da a la palabra espíritu una dimensión mucho mayor, aunque esta visión todavía está asociada aquí con la materia. Veamos cómo, incluso si está asociada con la materia, el espíritu también es inmaterial. Lo es en aquello que emana de esta materia sin ser la materia ella misma: un poco como el perfume emana de una flor sin ser la flor en sí mismo.

Pero a menudo, este lado inmaterial se afirma como la esencia misma del espíritu, y olvidamos su anclaje en lo corporal. Tomemos un ejemplo: el de las matemáticas. Cuando un teorema ha sido probado por alguien, a menos que haya un error, nadie lo discute. ¿Por qué? Precisamente porque el espíritu individual tiene la misma naturaleza para todos los humanos. Aunque partiendo de una demostración materialmente localizada, su conclusión ha sido validada naturalmente por la naturaleza global del espíritu humano. El espíritu, que es la imagen de esta inteligencia colectiva, en este sentido no solo está asociado con mi cerebro, y puedo «acceder» y compartir todo lo que esta función produce en todos los humanos. En este sentido, podemos decir que es inmaterial, aunque existen otros enfoques para abordar esta cualidad.

Este es solo un ejemplo explicativo en un determinado dominio, pero esta observación cubre todos los intercambios humanos en el espacio y el tiempo. Ahora podemos percibir mejor su existencia, al ver una red de enlaces creados por internet, que gradualmente tiende a lograr una forma de inteligencia global a la que todos pueden acceder, visión que fue bien descrita por Joel de Rosnay en 1995, en su notable libro *El hombre simbiótico*.

Cada uno participa así en una extensión del espíritu. Pero es importante observar que cuanto mayor sea la dimensión y la complejidad de su apoyo en la materia (desde el individuo hasta la humanidad entera), menos estará vinculado a ella. Cuando uno llega así a este nivel cada vez más vasto del espíritu, se emerge de las necesidades de la vida cotidiana y se inclina a abrirse a las cuestiones fundamentales de la existencia. El espíritu mantiene su ancla en mi cuerpo, pero procede de la dimensión del todo. Uno podría pensar que cuanto más alto se ascienda en la jerarquía del mundo del espíritu, más complicada será la visión de la vida, ya que parece operar a un nivel más global.

En realidad, probablemente podemos decir que es lo contrario. Es nuestro cerebro individual el que necesita complejidad para poder gestionar su interacción con niveles más altos. Pero cuanto más se alcanza un nivel de conocimiento global, más se clarifica la visión de las cosas para que parezca más simple. Podemos, a nivel científico, tomar el ejemplo de un gran científico como Albert Einstein, cuya visión global del universo era sorprendentemente «simple» a pesar de las complejas ecuaciones que tuvo que implementar para acceder a él. En otro plano, el nivel más alto se acerca al del ser. Uno puede pensar que cuando uno está en el estado del ser, todo debe aparecer con una simplicidad asombrosa. Todo está claro: se es.

En esta forma de ver, hemos pasado de lo individual a lo general y a lo inmaterial como el modo más «normal» para aprehender un concepto difícil de definir. En un lenguaje de uso frecuente, decimos que acabamos de hacer un recorrido *bottom-up*. Pero nada prohíbe un modo alternativo, del tipo *top-down*. Aquí debemos distinguir dos enfoques: o consideramos que la única realidad es nuestro mundo tal como lo percibimos y en el que actuamos, o nos adherimos a la idea de que la verdadera realidad está «en otro lugar». Por supuesto, cada uno puede aceptar o rechazar esta segunda forma de ver. Para ser más precisos, lo que distingue a este «otro lugar» es, de hecho, el estado de consciencia, de una naturaleza completamente diferente de lo que llamamos «ser consciente»: se formula mediante «Dios es».

Para abordar el primer enfoque del tipo *top-down* (nuestro mundo observable es la única realidad), podremos recurrir a un modelo descriptivo que será validado por la observación: «todo sucede como si» estuviéramos integrados en un entorno dotado de una inteligencia, de un conocimiento o, para usar la terminología actual, un «universo informacional». Como ese soplo que «flotaba sobre las aguas», según la Biblia, queriendo decir con ello que nos envuelve y nos genera, de algún modo. Es una forma de ver el espíritu, desde nuestro punto de vista existencial. Cada uno puede considerar que ese espíritu en el que nos bañamos preexiste al hombre, o bien que es el fruto de su actividad: no impide que esté allí. Está allí, en diferentes niveles, en un campo de extensión más o menos vasta, pero en general se alcanza solo una pequeña parte de este conjunto.

De esta manera, el individuo con su cuerpo sería entonces como una antena capaz de capturarlo e interferir con él, como si esto solo hubiera sido posible gracias a la complejidad de su cerebro. Para beneficiarse de esta capacidad que potencialmente todos tendríamos, necesitamos un trabajo previo: movilizar toda la red neuronal de las funciones de nuestro cuerpo, porque ahí es donde el contenido informal así capturado puede convertirse en pensamientos explícitos. Entonces se pueden desarrollar algunas habilidades notables, como es el caso de grandes científicos o de grandes maestros espirituales.

En el segundo enfoque del tipo *top-down*, la descripción es muy diferente: hace una llamada, como hicimos para la conciencia, la participación, digamos de la religiosidad, que podemos reconocer o rechazar en cada uno de nosotros. Cuando los seres iluminados hablan del Espíritu, no tiene el mismo significado que en el enfoque anterior. Estos son los seres de los que se puede decir que pasaron «al otro lado» por una transición a veces repentina, pero a menudo después de un largo viaje de vida interior.

Dicen que cada uno de nosotros está llamado a hacer este difícil recorrido. Por una obra que emprendieron en la conciencia de «yo soy», por una purificación del ego que confunde «yo» y «Yo», purificación del corazón, y sin duda también por lo que uno puede llamar la gracia, su estado de conciencia ha dado un salto hacia lo que algunos llaman la consciencia absoluta. Ciertamente, algunos dicen que han despertado por haber vivido un momento de esta naturaleza. Los auténticos seres despiertos se caracterizan por el hecho de que en ellos este estado persiste como resultado de una etapa larga y difícil que es la realización.

Para evocar lo que han percibido y que viven, algunos dirán más explícitamente: Dios, el Atman o el Espíritu. En su experiencia, el espíritu solo tiene este significado relacionado con este contexto. No todos emplean esta fórmula, pero tiene el mérito de nombrar la extensión del salto que hicieron, lo que no les impide decir que es un «no evento», porque continúan viviendo aparentemente normal.

En la interpretación trinitaria cristiana, el Espíritu puede ser considerado como la función activa de Dios, y a menudo se le llama «Espíritu Santo». Estos seres viven entonces de lo que se llama «la vida espiritual». Cuando el Espíritu se posó sobre los apóstoles, fue porque conocieron ese amor a primera vista, al que también se llama el despertar. Los Hechos de los Apóstoles lo asocian con un fuego: las lenguas de fuego se posaron sobre ellos. Es un simbolismo fuerte esta comparación del Espíritu con el fuego. Por lo tanto, están en el mundo pero ya no dependen de las leyes del mundo, lo que les da una fuerza increíble, tan «irrazonable» como la de un incendio.

En cuanto a los que no estamos en este estado, ¿qué sucede si llegamos al deseo de encontrar una manera de acceder a él? La experiencia vivida por estas personas nos enseña a activar también nosotros nuestra «vida interior», condición necesaria para poner «bajo la mirada» de esta posibilidad. Todo lo que uno puede vivir en este espacio vital interior gira alrededor de una búsqueda: ¿de dónde viene el hecho de que yo sea? La respuesta no puede explicarse con palabras, pero las imágenes pueden ayudar a acercarse a ella. Así pues, podemos sentir que proviene de «otro lugar» que se expresa por lo que se viene a llamar el Espíritu.

Se trata entonces de una cuestión de vivir como una realidad, una intención que quiere que sea: a través de mi propia singularidad, el Espíritu se difunde, como un perfume. Realmente puedo sentir la presencia de este perfume en proporción a mi evolución en este camino. Bajo otra formulación, diremos que existe una jerarquía en la percepción de esta presencia. Quizás esta jerarquía se rencuentra en las evocaciones que asociamos en nuestras culturas con el Espíritu: los ángeles, los arcángeles... Son imágenes, pero que ocultan una realidad que no tenemos otra manera de aprehender.

La introducción de los ángeles tiene la ventaja de otorgar el poder de nombrarla. En este sentido, la jerarquía angélica es un modo de nombrar estas dimensiones de la presencia del Espíritu en diferentes niveles, siendo el nivel inmaterial más cercano nuestro ángel guardián. Es un poco como hacer de esta emanación del Espíritu, una colorida cartografía. La idea es lo importante, con la realidad que subyace, que como mínimo corresponde a los estados que pueden alcanzarse mediante prácticas, por ejemplo, de meditación. Puede tomar formas codificadas por ciertas tradiciones, como en particular la de la Iglesia ortodoxa, o expresarse simplemente por diferentes colores. Algunos incluso pueden vivirlos como presencias vivas.

En el plano esotérico, el color amarillo está asociado con esta presencia del Espíritu. Incluso si esto da lugar a representaciones artísticas, pinturas o esculturas, estas solo traducen estados de evolución de la vida interior. Esta vida interior aún no es la vida espiritual, pero es sin duda un pasaje obligatorio: uno tiende hacia ello, y eso le da un final a la existencia. Se dirá que es «el mundo del Espíritu», que conecta el «cielo» y la tierra.

Pero también se puede ver allí la expresión de este mundo intermedio querido por Henri Corbin, que traduce así una visión del sufismo iranio, pero también la de Ibn Arabi. Encontramos sin duda también de una representación con el mismo objetivo en lo que el antiguo Egipto llamaba los nueve vehículos de luz.

El loto

El alma

En un estanque del jardín crece una flor muy especial, a la que llamamos alma. Su maravillosa fragancia es la del loto. Le lleva tiempo crecer, atraída por la luz. Limpia, por medio de su belleza, las impurezas sobre las que emerge. Es la savia del amor que se eleva para hacerla florecer, como evoca Arthur Rimbaud en su poema *Sensación*:

«Y el amor infinito me levantará en el alma»

El enfoque poético de lo que es el alma es la forma más verdadera y concreta de evocar lo que está detrás del uso de este término. Ciertamente, estamos más o menos acostumbrados a oír hablar del alma como una entidad separada del cuerpo que, en tanto que tal, lo anima mientras está allí, pero que podría permanecer activa cuando este ya no esté allí. En el lenguaje cotidiano, también existe confusión con la palabra espíritu.

Para poder definir la función específica que justifica el uso de este término, podemos confiar en su uso frecuente en la poesía. Una característica de la poesía es que permite evocar de manera concisa experiencias de realidades complejas cuya descripción detallada sería en exceso prolija. Ahora veremos que se trata aquí de nuestra necesidad de evocar, por un lado, la multiplicidad de funciones que operan solas en nosotros para convertirnos en seres vivos, y por otro lado, el misterio de nuestro origen («eso» que hace que «yo sea», que también «se hace solo»), y de nuestro futuro. En ambos campos, incluso sentimos la necesidad.

Es preciso afirmar lo siguiente: para lo esencial, y salvo en caso de un problema de salud, nos activamos en el mundo, contentos de no tener que preocuparnos de toda esta vida que funciona sola en nosotros, a estos efectos. Curiosamente, para poder hablar de ella es por lo que surgió la idea de un alma, como si se tratara de alguien que está a los mandos. Resulta extraño y difícil de admitir que el alma pueda estar asociada a las funciones orgánicas de mi cuerpo. Es cierto que, en la vida ordinaria, tratamos nuestro cuerpo casi como a una marioneta, animada por ese misterioso no-sé-qué, en la escena del teatro de la vida. Yo le doy unas orientaciones y luego la escena se desarrolla ella sola.

En efecto, la parte de este cuerpo de la que tenemos conciencia no es más que una parte muy pequeña de todo lo que actúa solo para animarle: el corazón, la respiración, el hígado, la digestión, el cerebro... Todo eso funciona con una autonomía inexorable, aunque, a pesar de todo, se pueda tener sobre ello alguna influencia. Existe un todo que administra y da vida a lo que nos aparece bajo la forma de un cuerpo. Es como si hubiera una persona detrás de la persona, distinta de ella, puesto que opera sin que yo sea consciente de ello. Se comprende desde ese momento, que uno pueda verse tentado a traducirla por la imagen desmaterializada de una entidad que ha venido a dar vida a este cuerpo, y de ahí que podamos reconocer en ello el origen del concepto de «alma».

En este sentido es nuestro espíritu quien lo ha generado, razón por la cual a veces se confunden los dos. En la vida ordinaria, no ponemos atención a ello, o no vivimos esta impresión sin asociarla a su razón de ser orgánica. Naturalmente, se puede criticar esta forma de verlo cuando se conoce de dónde viene, pero es allí donde se ve aparecer toda la importancia de otorgarle su dimensión poética, la expresión del corazón: por medio de este término único, alma, se hace posible hablar de toda esta misteriosa complejidad, de igual modo que las palabras de un poema pueden llegarnos a lo más profundo por la evocación de una verdad que no puede manifestarse de forma sencilla. La poesía es la viva imagen de las matemáticas para la descripción del universo.

Una vez adoptado el papel del alma para hablar de esta misteriosa vida autónoma que anima nuestro cuerpo, se llega de forma bastante natural a querer penetrar en el dominio al que ella da sentido. Se plantea pues la siguiente pregunta: ¿cuál es el origen de esta vida? Si hubo intención de que yo existiera, necesito poder dialogar con esta intención, saber lo que ella desea y lo que ha previsto para mí. Naturalmente, en este estadio, la posibilidad de tal diálogo no es más que una representación, porque si eso se ha hecho sin que yo exista para nada, es que yo soy uno con este origen. Si no, yo tendría al menos la capacidad objetiva de ver y decir de dónde vengo. ¡Lo que no impide que yo tenga esa necesidad! Se le puede satisfacer por la simbología del alma.

Es en mi espíritu donde aparece ese sentido complementario del alma, pero emerge de todo mi cuerpo, de sus sufrimientos y de sus alegrías, de lo que allí sucede solo, pero de lo comienzo a tener conciencia. Eso va teniendo lugar progresivamente, al hacerse uno adulto. Hasta entonces el alma se manifiesta como representación de lo que se hacía solo a un nivel orgánico; ahora, busca hacerlo para aquello que ocurre solo, pero a cualquier otro nivel; atrevámonos a decirlo: se trata de mi esencia. Para Stephen Jourdain, el alma es «la esencia espiritual». ¿Qué es lo que efectivamente ha podido ocurrir tan importante, de lo que tengo consciencia de no estar allí para nada? Evidentemente, en lo que me concierne, es: «yo soy». Es la constatación más fabulosa que puedo hacer, si es que quiero fijar en ello la atención.

Pero ahí no se trata simplemente de una representación, sino que pasamos a otra dimensión. El alma se convierte en el doble viviente de mí mismo, pero de igual naturaleza que el origen de toda vida. De algún modo es mi doble de luz. Y de esa forma, hablará la lengua que convenga, que ya no será más del orden de la búsqueda del saber: será la del amor, la del corazón. Opera en la dimensión del amor. ¡Hermosa fórmula, se dirá! Con la diferencia de que, a causa de su emergencia corporal, ella lo manifiesta de una forma concreta que cada uno puede comprender. Se expresará por una poética sensual, como en numerosos místicos.

Pero también por el trabajo que debo hacer sobre mí mismo en mi vida diaria, para mi propia evolución. El alma juega desde ese momento una función importante: me coloca en el nivel donde ese trabajo se puede hacer, un nivel donde no hay más que «mí, yo». Algo parecido a una esclusa. Es así como lo ve el Maestro Eckart: una función de elevación hasta que el amor divino se vierta en ella, que el alma conservará. «Es así cómo Dios descansa en el alma y se coloca en ella. Y he aquí que la divina fuente del amor comienza a desbordarse en el alma, de suerte que las potencias superiores se vierten en las inferiores y las inferiores en el hombre exterior, elevándole por encima de todo lo que es inferior aunque toda su acción esté espiritualizada».

Según el estado o la cultura de cada uno, se podrá ilustrar efectivamente esta función por medio de representaciones simbólicas. Se podrá observar que estas generalmente hacen un llamamiento a una cualidad que parece poder estar asociada al alma: el sentido de la belleza. Será un jardín, como en el Cantar de los Cantares, que puede considerarse como un cántico del alma. O bien en Rumi, en los maravillosos cuartetos de Mawlâna. Son cánticos de amor.

El amor es luz: cuando se tiene la suerte de vivirlo, todo es claridad. Pero sabemos también que es un fuego poderoso que atrae y trastorna. En los místicos, en efecto, el alma desempeña una función principal en su relación con la divinidad. Ella les permite dirigirse a Dios para manifestarle su amor. Es a «Él al que tú buscas» y es «Él el que te busca». Es el alma quien me representa en este diálogo frecuentemente amoroso. Como motivo pedagógico, Santa Teresa de Ávila toma la imagen de un castillo, precisando que el alma y el castillo son la misma cosa: es el alma quien entra en ella misma. Muestra por este medio a las novicias, el camino por el cual deberán pasar, porque ella misma lo conoce: una sucesión de etapas descritas con el término de moradas, antes de llegar al centro, al «matrimonio espiritual» con «Nuestro Señor».

Al principio, las motiva por el temor al «demonio» que les arrastra hacia atrás, pero poco a poco es un puro ambiente de amor el que domina. En el antiguo Egipto el alma se representaba en forma de cigüeña. En la jerarquía de los nueve vehículos de luz, su jeroglífico se encuentra justamente antes de la esencia espiritual y el cuerpo espiritual, la etapa última. La simbología del ave permite determinar el trabajo que hay que hacer, consistente en aligerarse. Sin darnos cuenta, llenamos nuestra existencia de preocupaciones inútiles, de convicciones erróneas, de reacciones negativas. Eso produce efectivamente ese sentimiento de pesadez: todo se hace pesado. Y este peso nos arrastra «hacia abajo». Es el riesgo de «perder el alma».

El sufrimiento que resulta de ello nos permite tomar conciencia para remediarlo, si tenemos suficiente clarividencia. Por el contrario, ¿qué puede aligerar el alma sino el amor? Eliminando progresivamente estos pesos reemplazándolos por más amor, el ave puede entonces echarse a volar. Se le ha asociado otra idea importante: la cigüeña vuela muy lejos a vivir su aventura, pero vuelve a su punto de partida. Se puede entender en los dos sentidos: sube hacia lo alto para descender, trayéndome la luz que yo necesito, o también desciende de lo alto para conducirme hacia su origen verdadero. Ese es el sentido profundo de «entregar el alma» cuando abandonamos este mundo. La vía del retorno, la vuelta a la Casa.

El girasol

La oración

¿Quién no se ha extasiado ante un campo de girasoles? Su naturaleza interior hace que se vuelvan hacia el sol. ¡Se podría incluso decir que lo hacen tan bien que hasta se le parecen! Hermosa imagen para lo que representa la hondura de la plegaria: volverse hacia la luz. Sin duda, se la asocia, al punto, a una idea de religión. Sin embargo, no hay inconveniente en decir, que se trata de un acto que cada uno se ve inclinado a hacer, a veces inconscientemente, incluso sin religión, incluso sin ser creyente: ¡podríamos decir incluso que existe una plegaria laica! Naturalmente, conviene tener en cuenta las diferentes formas que puede adoptar la oración: la intención, la oración en común, el estado de oración, la presencia, el abandono, la inocencia, orar u obrar. Eso es lo que vamos a hacer.

La oración es, efectivamente, una actitud interior que, creyentes o no, surge en nosotros de un modo bastante espontáneo, en ciertas circunstancias. La llevamos a cabo incluso con frecuencia sin saber bien si eso tiene sentido. Por ejemplo, rezar por la paz en el mundo sabiendo muy bien que eso no impedirá en absoluto que los conflictos vayan a seguir. O, en un plano más personal, orar por alguien enfermo sabiendo perfectamente que es probable que no sane. ¡Y sin embargo, lo hacemos! De este modo expresamos un deseo, pero en realidad el único resultado que esperamos, más o menos inconscientemente, es aceptar lo que hay.

Advirtamos por otra parte que la condición previa para obtener cualquier cosa deseable es ponerse primero en estado de aceptación de lo que hay, en el momento en que nosotros nos manifestamos. Mantener a la vez el deseo y la aceptación de lo que es da un sentido profundo a esta actitud de oración. Esta «celebración de los contrarios», según la bella fórmula de Jean Pascal Debailleul, es la cosa más importante en esta actitud. Si mantenemos con convicción el deseo y la aceptación, nos abrimos a nosotros mismos, nos abrimos la puerta a la aparición de algo imprevisto que será posiblemente mejor que el deseo tal y como estaba formulado.

Más aún, es preciso ser capaz de verle y de acogerle: ese es el verdadero sentido profundo de la expresión «tener fe». Lo que supone no estar fijados en nuestra formulación del deseo, algo que oculta con frecuencia un anhelo muy personal. En este acercamiento, vemos que la idea de oración no implica que nos encontremos en un ámbito religioso. Es una actitud completamente natural para un ser humano: por el contrario su «eficacia» supone tener en cuenta lo que acabamos de decir.

Existe también, naturalmente, un estado de oración que se dirige a la fuente de la vida. La vida está presente, pero su fuente, su origen, esta intención, cualquiera que sea, nos parece alejada de este mundo. Eso no impide que nos dirijamos a ella. Quizá con una formulación de deseo: nos hallamos pues en la situación precedente, con la diferencia de que hemos nombrado eso hacia lo que o hacia quien nos volvemos.

Pero también podemos no formular un deseo particular y situarnos, podríamos decir, «en estado de oración». Eso es lo que hacen, por ejemplo, los contemplativos que encontramos en todas las tradiciones. Según esas tradiciones, o en función de lo que nos parezca mejor adaptado a nosotros mismos, adoptaremos ciertas prácticas. Es un acto, un trámite claro. Con lo que yo soy, como yo soy, me vuelvo hacia la luz interior: todos recordamos algunas pequeñas luces en nosotros mismos, unas reacciones inocentes, afectos que nos transportan, momentos inesperados. El acto positivo de la oración debe consistir en aumentar su presencia en nosotros mismos, en nuestro cuerpo: ella es de la misma naturaleza que la más grande luz hacia la que nos dirigimos.

Con frecuencia se prefiere el silencio, pero también se utilizan con frecuencia fórmulas conocidas o sonidos, con o sin gestos. Esas prácticas se repiten generalmente muchas o gran número de veces. En la mayoría de los casos, las palabras pronunciadas nos ayudarán a no dispersarnos, evitando que se convierta en un esfuerzo de concentración: llevar la atención a lo que se está pronunciando pero sin que intervenga el intelecto, dejar que resuenen sin buscar interpretarlas.

Vemos aquí hasta qué punto es el cuerpo el instrumento de la oración, el cuerpo en su totalidad. Puede valer la analogía con un músico que está practicando: repite con su instrumento hasta que, por medio de este esfuerzo, acaba por desaparecer ante la obra que interpreta, manteniendo la conciencia del papel que está jugando.

Se trata pues de alcanzar un estado de escucha de la fuente de la vida en sí. Nos encontramos entonces «en presencia de». Porque incluso la ausencia puede vivirse como presencia: hay otro en acto. Es una forma de abordar la pregunta del origen del «yo soy». Como si esta humildad positiva «en presencia de», fuera el mejor modo de abordar «aquello o aquél cuya presencia yo vivo».

Una oración muy conocida que se recita frecuentemente, comienza por «Padre nuestro que estás en el cielo». Eso pone en escena a la vez la presencia en la ausencia, y la naturaleza de la relación. No se trata ya de preocuparse por el mundo, aunque se pueda vivir ese momento como si fuera la mejor forma de ocuparse de él. No se trata tampoco de maravillarse de la creación: nos ponemos en presencia de Aquél que hace que yo exista. Una tradición sufí explica la pérdida del paraíso porque Adán, al deslumbrarse ante la creación, se olvidó de maravillarse de su creador: en la oración, tratamos de no olvidarle.

Podemos preguntarnos por qué la oración aparece como siendo tan importante, sin duda ya desde el alba de la humanidad. Naturalmente, la oración ha expresado siempre una petición para obtener favores y en ese sentido lleva una cierta noción de magia, sin que por ello haya que asociar un carácter negativo al término: se puede vivir como mágico aquello que sorprende y que conduce al maravillamiento. ¡En ese sentido la vida es magia! Y eso es un hecho que sigue siendo válido incluso en nuestros días.

Sin embargo parece que la importancia de la oración sobrepasa esta justificación. Es como si de algún modo, formara parte de nosotros: como el amor. Se podría incluso decir que el niño está orando en los brazos de su madre o de su padre. Esta imagen ilustra una cualidad de la oración: el abandono. Abandonarse en la oración. Es en el abandono donde se puede alcanzar el «uno con». Este abandono se encuentra también en la meditación y en las prácticas: pero aquí en la oración, uno se abandona abiertamente «en presencia de».

El verdadero actor es nuestra inocencia, esta cualidad del niño que necesita hacer reaparecer en nosotros mismos.

Cuando se reza, ¿acaso no es necesario preocuparse de la evolución del mundo, que se producirá de forma independiente, como por una necesidad externa a nosotros? Simbólicamente, es como no tener cuenta más que la parte vertical de la cruz que llevamos en nuestro interior. Esta forma de ver, que es una tentación real, lleva a dividirse uno mismo en dos. El mundo exterior existe, efectivamente, en nosotros: a través de nuestros sentidos, es en nosotros mismos donde le damos existencia.

Pero la evolución del mundo no resulta de una sucesión de acontecimientos exteriores, en los que ciertamente puedo participar, sino también de aquello que puede intervenir a través de nuestra consciencia de ser. ¿Cuál es la característica de aquellos que son positivamente eficaces a este nivel? Se dirá de ellos que son «luminosos». Poseen tienen una luz interior que se proyecta hacia el exterior, y no obrarían del mismo modo si no tuvieran esta luz. Les viene generalmente de una prolongada marcha personal, del orden de la oración, para desaparecer ante una intención de alguna otra naturaleza que les sobrepasa, siendo siempre conscientes del papel que deben desempeñar. En su rápida evolución actual, el mundo tiene necesidad de muchos de estos seres. Y naturalmente, eso nos concierne a todos.

La buena tierra de labranza

La vida interior

Naturalmente, las plantas no crecen bien más que en buena tierra que es preciso acondicionar, nutrir, cuidar. Es preciso reconocerla, honrarla, observar la vida que en ella se manifiesta en una actividad intensa. En esta tierra suceden cosas, símbolo de lo que sucede en nosotros mismos. Advirtamos que no se trata aquí de lo que ocurre en la superficie o cerca de la superficie, en contacto con el exterior, sino de lo que sucede «bajo tierra».

Nos introducimos aquí en un espacio que tiene su existencia en sí mismo. La idea de «penetrar en» la vida interior es importante: por una parte, es necesaria esta clara distinción para hablar de ella, pero también y sobre todo, simboliza un paso que hace intervenir al cuerpo para liberarse así de un concepto algo intelectual.

En un primer momento, notaremos cómo vivimos, de forma más o menos evidente, este concepto de vida interior en nuestra vida ordinaria. ¿No es extraordinario ver por ejemplo, cómo trabaja un artista? Está sentado delante del mundo exterior con su pincel o cualquier otro medio de expresión artística. No nombra inmediatamente las formas como lo hacemos nosotros de ordinario, sino que deja actuar su presencia en su interior, y le van a surgir nuevas imágenes a un cierto nivel que resuenan con algo esencial en él.

Estas formas pueden incluso expresarse únicamente mediante colores. De ahí surge una obra, que es el testigo. Y si su vida interior a resonado con algo esencial que nos es común a cada uno de nosotros, la obra nos va a impresionar y nos hará revivir una parte de lo que el artista ha experimentado. Si nos conmueve más profundamente que otras obras, diremos también que su autor ha estado «inspirado», expresión que evoca la idea de un soplo que penetra en el interior (y que se expresa en la expiración que es la obra).

También a veces, caminando por los grandes espacios, como los desiertos o las playas extensas, se descubre esta dimensión interior. O igualmente en el viento que sopla en los pinos, en las olas sobre la superficie del océano, en una noche estrellada. Y naturalmente, de igual modo, en la presencia de un ser amado. Nuestra atención se vuelve entonces hacia este interior, que experimentamos como un espacio donde se expresa, con otro lenguaje, lo que nos viene del exterior. Deseamos permanecer allí, no hablar, sonreír. La sonrisa interior. Tocamos el sentimiento de belleza. Respiramos y el espíritu se libera, porque la mirada no puede fijarse más que sobre un horizonte o en formas de una gran simplicidad. Al principio nos vienen pensamientos con bastante naturalidad.

Pero, por naturaleza, los pensamientos son erráticos y, con rapidez, el ritmo regular del corazón, de la marcha, de la respiración, el silencio que se instala ante la belleza, hacen que se vuelvan cada vez menos activos. Aparece entonces, poco a poco, algo de otra naturaleza, como una presencia viva en sí misma. Eso se traduce fundamentalmente en un estado de paz, y uno se siente como alimentado desde el interior. Apenas se puede explicar, pero se produce una transformación. Este estado positivo podrá manifestarse posteriormente por una mejor aptitud para actuar en la vida diaria. Y una vez se ha gustado esta experiencia, con frecuencia se desea revivirla. Eso podrá expresarse por evocaciones poéticas, una forma de expresión que se encuentra, entre otros, en los místicos. Como en ellos, nuestras vidas se encaminan a «lo que es», y nuestra poesía interior manifiesta admiración ante «lo que es».

Otra manera de contemplar la vida interior es a la vez más concreta y más simbólica. Nos fue revelada por el antiguo Egipto. En una interpretación del templo de Luxor realizada por Schwaller de Lubicz, este espacio es considerado como el interior del cuerpo humano. El faraón efectuaba un recorrido de iniciación desde la entrada hasta la parte sagrada, correspondiente a la cabecera. Atravesaba así unas salas que hacían referencia a las diferentes funciones de los órganos del cuerpo, realizando en ellas ritos de eliminación de lo que les impedía trabajar en la perfección original.

El objetivo era poder «devolver la casa a su Señor». Algunas ceremonias en las catedrales también podrían verse y estar orientadas de la misma forma. Eso puede dar una buena imagen de la vida interior: recorremos conscientemente las diferentes funciones orgánicas con el mismo espíritu. Naturalmente, nuestra mente forma parte de ellas, y necesitamos observar atentamente la forma en la que actúa.

¿Pero la vida interior no es más que una vida contemplativa? Sin duda alguna, como en el ejemplo del artista, es también una vida creativa. La interioridad está frecuentemente asociada al vacío: se dirá «vaciar el interior de sí mismo». Pero los orientales nos han enseñado la positividad del vacío, si podemos expresarnos así. Ellos la llaman: el vacío creativo. Es a partir de este vacío aparente de donde todo se genera y emerge en el universo, porque en realidad está lleno de energía. Toda gestación tiene lugar «en el interior», «en la noche».

En la Duat, según el antiguo Egipto. Una parte importante de la vida interior consiste en vivir conscientemente esta inteligencia, esta gestación que se produce en ella permanentemente, pero también en ciertas ocasiones particulares. Observar una planta es instructivo desde este punto de vista: todo su origen tiene lugar en el interior, y después se manifiesta al exterior (ramas, hojas, flores...). Naturalmente, de igual modo, se produce la gestación del niño en el seno de la madre. En este sentido podemos decir que la mujer está predispuesta a la vida interior.

Pero en nuestra vida «ordinaria» nos movemos tan rápidamente que no tenemos tiempo de ver qué es lo que ha pasado. Aparentemente lento, este surgimiento puede pasar también por fases muy rápidas de transiciones internas, y manifestarse luego en nuestras elecciones, nuestras expresiones, y sobre todo en nuestro propio desarrollo. En resumen, es la imagen de toda la evolución del ser viviente que se reproduce en el interior, donde se ha observado recientemente que se produce en ella con frecuencia por medio de rápidas transiciones.

Dicho esto, puedo elegir una vida activa orientada hacia el exterior sin sentir ninguna necesidad de esos momentos de interiorización. Puedo también darme cuenta que eso me hace bien, sin más. O más aún, deseo seguir a mi coach, que me lo aconseje con el objetivo de un mejor rendimiento profesional. En realidad, nuestra vida «exterior» no tiene sentido más que gracias a nuestra vida interior, porque allí se generan las formas que salen de nuestros sentidos, que luego nuestro espíritu podrá interpretar. Rûmî dice (Libro del Interior): «diez mil palabras del exterior, si no están confirmadas por el interior, son inútiles».

Pero hay algo más importante: en el interior puede formarse un espacio de creatividad y de revelación, autónomo respecto a lo que ocurre en el exterior. Y Rudolf Steiner insiste sobre el hecho de que el buscador debe colocar en adelante «su centro de gravedad en su vida interior»; entonces puede llenarse mediante el diálogo con «las realidades del espíritu». Y adquirir conocimientos sobre lo que él llama los «mundos superiores».

Algo más importante aún, para aquellos que lo deseen, se encuentra en ese espacio en el que puede efectuarse un trabajo hacia la consciencia del ser. Ello consiste esencialmente en observar cómo suceden las cosas en su propio interior, que hacen que me ilusione sobre lo que creo que es lo real. Incluso se podría decir que se trata de un trabajo científico, cuando esta actividad se propone con frecuencia bajo la etiqueta de lo «espiritual». La vida que se me ha dado funciona efectivamente según un proceso orgánico.

Nuestro cuerpo dispone de cinco sensores (aceptemos incluso la idea de que pudiera haber otros más sutiles) que detectan señales de una gran complejidad. El cerebro, junto con la contribución de todos los órganos, los coloca en su memoria y hace de ellos un tratamiento del que no se sabe gran cosa, a pesar de los avances actuales en este campo. Para poderlos tratar, los divide generando formas que tienen una cierta permanencia según la sucesión de señales captadas en el tiempo. Esas mismas formas son colocadas en la memoria con la cualidad de poder permanecer las mismas, aunque modificadas, para adaptarse a los movimientos observados. E incluso afectará a los nombres, de los que «tenemos consciencia» para poder utilizar esos «objetos».

Los «objetos» serán formas humanas, plantas, cosas, etc... Nuestros sensores van también a ver u oír hablar de los resultados obtenidos por unos instrumentos científicos que observan las estrellas, a modo de ejemplo. Nuestro cerebro interpretará esas informaciones para construir un esquema de representación de lo que él llamará universo. Lo que haya podido leer u oír sobre este tema podrá ayudarle. Todos estos datos van a ser almacenados en alguna parte del cerebro para formar lo que llamará «el pasado». Se activará en otras zonas para formar esquemas de comprensión que colocará en lo que llamará «el futuro». Pondrá incluso nombres a otros tipos de formas: funciones o cualidades.

Contrariamente a lo que deja entender la palabra ilusión, hay sin duda una realidad detrás de todo eso. Pero como yo no puedo «verla» más que a través de esos instrumentos personales que son mis sentidos, no puedo decir absolutamente nada verdaderamente objetivo sobre lo que constituye esta hipotética realidad, y todavía menos componerla sobre la validez de la identificación separada de las formas consideradas. Entre esas formas, aparece allí una muy particular, generada a partir de espejos o del comportamiento de otras formas: se le dará un nombre, «yo». ¡Este nombre sí que es bien conocido!

La conciencia básica que opera en este contexto, va rápidamente a tomar nota de que esta forma peculiar, yo, constituye un centro en relación a todas las otras formas que la rodean. Y la vida va a ponerse en práctica de un modo completamente operativo alrededor de ese centro, que poco a poco se unirá a otras formas con las que va a identificarse de manera abusiva. Eso se convertirá muy pronto en «yo y...» El yo se designa entonces a sí mismo como actor único de todo ese funcionamiento, separado de aquél sobre el cual actúa. Digamos que no hay en ello nada fundamentalmente anormal: ¡eso funciona! Ese es el mundo dual en el que debemos vivir: ¡está en mi interior! ¡Y va bien!

Pero hay un olvidado, un ausente. Y resulta objetivamente insoportable. Porque si eso existe, hay un origen para ello, no temporal sino un origen para eso que existe. Ausente porque no es representable por una forma, sin embargo es él quien está realmente al frente de todo. Digamos que es el interior del interior en tanto que espacio de vida. Para evocar su existencia, se dirá, para simplificar en una primera aproximación, que eso es «yo». Y la verdadera ilusión, puesto que hay una, consiste en vivir pensando que «yo» es «mi». He aquí, pues, a qué se refiere el trabajo hacia la consciencia de ser, que permite una vida interior bien cultivada. Se encontrarán obstáculos sobre este camino, entre otros la tentación de abandonar. Pero también se puede, poco a poco, experimentar como una verdadera necesidad de hacerlo. Consejos, enseñanzas, prácticas, oraciones «en común», pueden ayudar, pero se trata realmente de una aventura personal. Son posibles dos aproximaciones. En la primera, se propondrá combatir la disminución de la omnipresencia del yo, por una suerte de lucha contra lo que denominamos la mente.

En la segunda, partiremos de lo que, en nosotros, es ya un comienzo de conciencia de la presencia de ese «yo», como si fuese una lucecita. Y aumentaremos esta forma de luz interior. La primera parte, lo negativo, si podemos llamarlo así; la segunda busca ampliar lo positivo. Las dos tienen su valor, pero la segunda es más eficaz. De todas formas, vemos que es de algún modo un paso obligado, si se quiere llegar más lejos para remontar hacia la fuente de aquello que somos. La fuente de ese «yo». Stephen

Jourdain confiesa que él ya estaba «dotado de todo el equipo interior necesario» antes de que se produjera el despertar: un testimonio sobre la importancia de prepararse, al menos para aquellos que se sientan concernidos por esta búsqueda.

Lecturas recomendadas

La rosa roja: el corazón

En lo que respecta al funcionamiento del corazón, obviamente existe una inmensa documentación científica. Pero, por lo que nos interesa aquí, el libro de David Servan-Schreiber *Guérir*.

Desde otra perspectiva, podemos leer el libro de Arnaud Desjardins El camino del corazón. Como director de televisión de 1952 a 1974, colaboró en difundir las tradiciones espirituales a través de documentales televisivos. Fue discípulo de un notable sabio indio: Swami Prajnanpad, cuya enseñanza fue objeto de una hermosa síntesis, a nivel filosófico, a cargo de André Comte-Sponville en su obra *De l'autre côté du désespoir*.

Y, por supuesto, para el vínculo entre el corazón y la presencia, solo podemos recomendar el libro de Eckart Tolle *El poder del ahora* ¡Sigue siendo relevante!

El antiguo Egipto evocó el pasaje de la muerte por medio de la Psicostasis o la pesada del corazón. Puede entenderse como una prefiguración de la noción del juicio final, y es notable que en el otro plato de la balanza en la que se pesa el corazón, haya una pluma ; es solo un elemento simbólico, pero que está en correspondencia con la idea de irse de la vida con el corazón ligero.

Para aquellos que deseen abordar más profundamente todos los temas tratados en este libro sobre el antiguo Egipto, pueden contactar con Katia Ugolini (GENESI-KA en Facebook). Desde 1995, ha dirigido seminarios sobre el conocimiento del antiguo Egipto y sus aplicaciones para el hombre moderno. Ella profundiza en la preparación teórica y práctica a través del estudio directo de textos jeroglíficos, pero también por medio de la investigación multidisciplinaria favoreciendo un trabajo constante sobre uno mismo. Propone un método de trabajo que une el conocimiento de los elementos sagrados del antiguo Egipto con el cuerpo, la respiración, la fisiología, las funciones psíquicas y la energía. Ha dirigido seminarios en Luxor, Roma, Ravello, Udine, Bolonia, París, Poitiers, Chartres, Madrid, Zaragoza, Palma de Mallorca, Barcelona, Hannover, Berlín y Santiago de los Caballeros (República Dominicana).

La rosa blanca: el amor

Todas las religiones hablan de amor. Sin embargo, no es suficiente hablar de ello para tocarnos el corazón. Hay muchos teóricos y teólogos que escriben sobre el amor, pero sin duda son los poetas los que mejor lo definen y expresan y, especialmente, un poeta inspirado como Rumi según podemos comprobarlo al leer una selección de su poesía editada con el título *En brazos del Amado*, o un gran santo de la India, que podemos decir que encarnaba el amor: Ma Anandamayi (*Perles de lumière*) y, por supuesto también, en el *Cantar de los Cantares* bíblico.

Al leer la vida de Gandhi de Jacques Attal, podemos ver que el amor, unido a la perseverancia, puede convertirse en un instrumento muy eficaz a nivel humano. Y en cuanto al amor en todas sus dimensiones, concebido como un medio para transmitir un mensaje, podemos observarlo en la vida de Jesús, tal como se describe en los Evangelios, mostrándose como un modelo ejemplar para cualquier persona sea creyente o no.

El Maestro Eckhart en *Du miracle de l'ame* habla menos directamente del amor como tal, sino sobre las condiciones por las cuales, según él, este nos conecta con Dios. Su sermón sobre el tema es particularmente notable.

Yvan Amar, en el libro *L'effort et la grâce*, da indicaciones útiles sobre su experiencia del amor y el despertar del cual es un testigo precioso.

En *La joie spacieuse* Jean Louis Chrétien muestra cuánto amor se asocia con la alegría y la apertura del corazón.

También se puede encontrar un resumen de las ideas filosóficas sobre el amor en el *Dictionnaire Philosophique* de André Comte.

La orquidia: la consciencia

Hay una excelente información de cómo los científicos conciben la consciencia, bajo el título "La consciencia vista por la neurociencia" por Jean-Paul Bacquiast y Christophe Jacquemin que se puede encontrar en el sitio "Autómatas inteligentes" de Wikipedia.

En su famoso libro *El fenómeno humano*, Teilhard de Chardin da su visión sobre la aparición de la consciencia. Podemos leer sobre él especialmente en *Teilhard aujourd'hui* y *Comprendre Teilhard de Chardin* de Gerard Donnadieu y también a Jean-Pierre Cartier en *Teilhard de Chardin: un pont entre deux rives*.

Con más protagonismo en las noticias científicas, Stephen Hawking, sobre este particular, escribió el libro *Y a-t-il un grand architecte dans l'univers?*

Stéphen Jourdain, *Première personne* (Les Deux Océans, 1990) fue un ser notable y sorprendente desde varios puntos de vista. Es innegable que fue un iluminado a pesar de no pertenecer a ninguna religión o familia espiritual. Además, tardó treinta años en poder explicar con palabras y descripciones lo más accesibles posible, la experiencia que vivió. Me atrevo a decirlo: es un tesoro precioso para la humanidad.

Lee Lozowick en *Le chemin divin pour devenir humain* también nos dio su testimonio sobre la posibilidad de identificarse con la vida y observarla « al mismo tiempo ».

En *Yo soy eso*, el tema principal es la búsqueda de la conciencia del ser y es el título de un libro de entrevistas con un sabio indio contemporáneo: Sri Nisargadatta Maharaj. Pero también podemos leer sobre ello a Jean Klein: en *Qui suis-je, Transmettre la lumière* o *La alegría sin objeto*.

El lirio: el espíritu

Este tema está tratado de forma más concreta en la notable obra de Joël de Rosnay *L'homme symbiotique*. Sobre inteligencia artificial, con el famoso big data, ahora se utiliza el enfoque de las redes neuronales, que operan en una sucesión de globalidades para simular la observación: copiamos el funcionamiento de nuestro cerebro para reconocer y nombrar lo que perciben nuestros sentidos. ¡Pero toda la humanidad es una inmensa red de neuronas y es difícil imaginar lo que puede proporcionarnos un futuro en el que se establecerían conexiones favorables entre los múltiples cerebros!

El vínculo entre el cuerpo y la mente es un punto fundamental en la visión de Spinoza, citado por Frédéric Lenoir en *Le miracle de Spinoza*: "La mente y el cuerpo son lo mismo, concebido a veces bajo el atributo del pensamiento, a veces bajo el atributo de la extensión » que, según él, son dos atributos divinos. Es una visión no dual de la realidad donde la razón juega un papel positivo fundamental.

Carlo Rovelli es un gran teórico de la gravedad cuántica con bucles. Su último libro *L'Ordre du temps* es destacable.

El loto: el alma

El concepto de alma ya había sido introducido en el antiguo Egipto como parte de lo que podría llamarse nuestra constitución evolutiva. Esta constitución, que tiene nueve estados, es una noción muy importante. El alma está ubicada en esta evolución cerca de nuestro "cuerpo espiritual". La idea de la existencia de un alma fue adoptada por las diferentes religiones y por los griegos y terminó siendo parte de nuestro lenguaje, especialmente en Occidente. Pero se reduce a querer describir solo un componente espiritual entre otros, al que daremos múltiples interpretaciones dependiendo de si lo abordamos desde un nivel filosófico o religioso.

No se puede hablar del alma sin referirse a los sermones del Maestro Eckhart en *Du miracle de l'âme* o a lo descrito por Santa Teresa de Ávila en *El castillo interior.*

El girasol: la oración

Para los cristianos, las palabras del Padre Nuestro conmueven de una manera muy profunda. El Magníficat pronunciado por María según narra la Biblia, es una oración que respira belleza. Los musulmanes practican las cinco oraciones canónicas todos los días. También hay oraciones diarias en el judaísmo. En la tradición de la India, la oración a Dios casi siempre se canta.

En algunas situaciones particularmente difíciles, proporciona una fuerza a veces sorprendente, como en el caso de Etty Hillesum, cuyo relato se puede leer en *Une vie bouleversée.*

También recomiendo las prácticas sugeridas por Jean Pascal Debailleul en sus talleres y sus libros a partir del análisis de una serie de cuentos clásicos. En particular

*Vivir la magia de los cuentos, Se réaliser par la magie des coïnci-
dences* y *La synchronicité par les contes.*

Una buena tierra de labranza:
la vida interior

Rudolf Steiner insiste en la importancia de la vida interior en *Como adquirir el conocimiento de los mundos superiores.*

Muchas de las enseñanzas que se dan para resaltar nuestra conciencia del ser, a menudo se resumen en elementos esenciales para tratar de eliminar esta visión dualista
considerada como una ilusión, que debe desaparecer absolutamente para poder seguir adelante.

Dicen que vivimos en un mundo de ilusión y que lo real
es diferente. ¡Y casi nos sentimos culpables por no llegar
allí! Pero podemos tener otro enfoque de la situación,
siguiendo un argumento ya utilizado anteriormente. Durante el último siglo, ha surgido un concepto de la observación que los científicos hacen de esta parte de la
realidad que observan, al menos al nivel de lo infinita-
mente pequeño. Según este punto de vista, lo real se nos
aparece y se puede describir, como esto o aquello. Todos
hemos escuchado que lo real se interpreta en forma de
campo de onda o en forma de corpúsculos separados
que interactúan. O, más comunmente, como dos estados superpuestos. Por tanto, es la misma realidad. Aquí
extrapolaremos audazmente que es una cualidad del conjunto. El Todo se puede vivir como dual, o como unidad
y no dualidad, dependiendo del estado en que nos en-

contremos: digamos existencia o esencia. Admitiremos que algunos seres han adquirido la experiencia de tener esta notable capacidad de pasar de uno a otro: esto, a menudo, se llama despertar.

EDITATUM

Patrocinio

Esta es la página destinada a ofrecer al lector y a los medios de comunicación, todos los datos e información sobre el patrocinador de este libro.

Puede contener su logo, una breve reseña de su actividad o producto e incluye los contactos web, de correo y telefónico.

Además, el patrocinador figurará en el espacio correspondiente en la contraportada del libro. Este patrocinio figurará en todas las sucesivas ediciones de la obra si éstas se produjeran.

Si desea recibir información sobre el patrocinio de los GuíaBurros puede dirigirse a la web:

www.editatum.com/patrocinio

Autores para la formación

Editatum y **GuíaBurros** te acercan a tus autores favoritos para ofrecerte el servicio de formación GuíaBurros.

Charlas, conferencias y cursos muy prácticos para eventos y formaciones de tu organización.

Autores de referencia, con buena capacidad de comunicación, sentido del humor y destreza para sorprender al auditorio con prácticos análisis, consejos y enfoques que saben imprimir en cada una de sus ponencias.

Conferencias, charlas y cursos que representan un entretenido proceso de aprendizaje vinculado a las más variadas temáticas y disciplinas, destinadas a satisfacer cualquier inquietud por aprender.

Consulta nuestra amplia propuesta en **www.editatumconferencias.com** y organiza eventos de interés para tus asistentes con los mejores profesionales de cada materia.

Nuestras colecciones

 Guías para todos aquellos que deseen ampliar sus conocimientos sobre asuntos específicos, grandes personajes, épocas, culturas, religiones, etc., ofreciendo al lector una amplia y rica visión de cada una de las temáticas, accesibles a todos los lectores.

 Guías para gestionar con éxito un negocio, vender un producto, servicio o causa o emprender. Pautas para dirigir un equipo de trabajo, crear una campaña de marketing o ejercer un estilo adecuado de liderazgo, etc.

 Guías para optimizar la tecnología, aprender a escribir un blog de calidad, sacarle el máximo partido a tu móvil. Orientaciones para un buen posicionamiento SEO, para cautivar desde Facebook, Twitter, Instagram, etc.

 Guías para crecer. Cómo crear un blog de calidad, conseguir un ascenso o desarrollar tus habilidades de comunicación. Herramientas para mantenerte motivado, enseñarte a decir NO o descubrirte las claves del éxito, etc.

 Guías prácticas dirigidas a la salud y el bienestar. Cómo gestionar mejor tu tiempo, aprenderás a desconectar o adelgazar comiendo en la oficina. Estrategias para mantenerte joven, ofrecer tu mejor imagen y preservar tu salud física y mental, etc.

 Guías prácticas para la vida doméstica. Consejos para evitar el cyberbulling, crear un huerto urbano o gestionar tus emociones. Orientaciones para decorar reciclando, cocinar para eventos o mantener entretenido a tu hijo, etc.

 Guías prácticas dirigidas a todas aquellas actividades que no son trabajo ni tareas domésticas esenciales. Juegos, viajes, en definitiva, hobbies que nos hacen disfrutar de nuestro tiempo libre.

 Guías para aprender o perfeccionar nuestra técnica en deportes o actividades fisicas escritas por los mejores profesionales de la forma más instructiva y sencilla posible,

Budismo

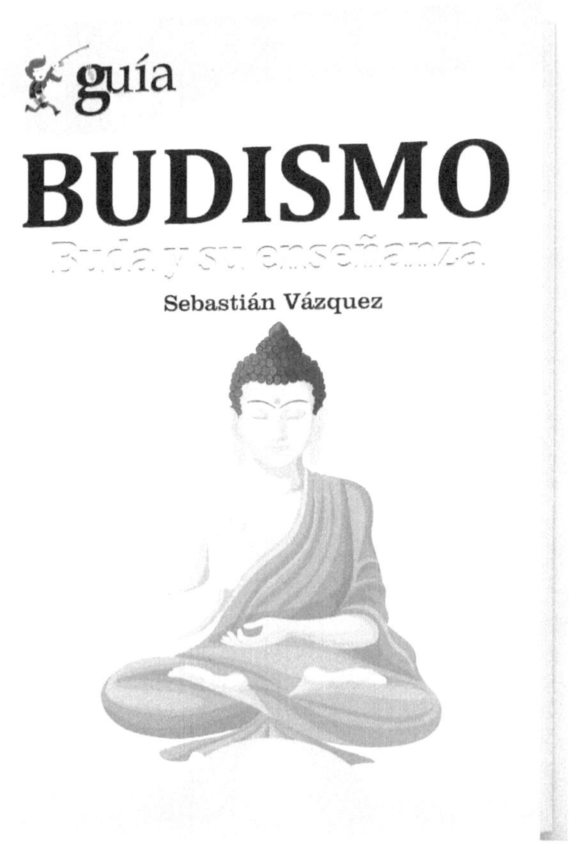

GuíaBurros Budismo te enseñará todo lo que debes saber sobre Buda y cómo hacer que forme parte de tu vida.

+INFO

http://www.buda.guiaburros.es

Nuestra colección